サービス・ラーニングのための
アクティビティ

山下美樹 編著

宇治谷映子・黒沼敦子・籔田由己子 著

研究社

はじめに

　2019年に発生した新型コロナウイルスの感染拡大という未曾有の事態のなか、今わたしたちに必要なのは、「つながる力と共感力」ではないでしょうか。ますます加速する環境汚染や格差社会、グローバル化による多様化社会に対応するためには、社会の課題を他人事ではなく自分事としてとらえ、主体的・自主的に社会貢献に取り組む「協働する力」が必要不可欠です。みずから進んでさまざまな文化背景をもつ人たちの価値観に触れ、経験知を高めていくことが、持続可能な社会の実現に貢献できる市民となる第一歩といえるのではないでしょうか。地域活動において、さまざまな人たちや組織と協働し、他者を知り自己を知る教授法がサービス・ラーニングです。小説家ジョン・スタインベック（1902-68）の「少年は必要とされて初めて大人になる」ということばのとおり、人は他者から必要とされることで、自分自身の存在価値を自覚し成長します。

　本書の執筆者は、全員が国際教育、異文化間教育にたずさわり、サービス・ラーニングを行なっています。わたしたちは受講者が生きいきと地域活動する様子や、体験を振り返り気づきを得て、変わっていく様子をまのあたりにし、その手ごたえを感じてきました。それは、詩人イェイツ（1865-1939）のことば、「教育は手桶を満たすことではない、火を灯すことなのだ」の一端を担わせていただけたと思える瞬間です。教育哲学者であるジョン・デューイ（1859-1952）やパウロ・フレイレ（1921-97）は、「人は経験を分析することで学ぶことができる」と振り返りの重要性を説いています。体験の振り返りによる学びは、知的な複眼的思考力を養い真の共感力を育てます。以上の理由から、サービス・ラーニングを実践するうえで、深い振り返りとなるアクティビティを紹介したいというわたしたちの思いが結集したのが本書です。そして、学校関係のみならず地域活動関係の方々にも共有させていただきたいという思いがあります。

　第1部では、サービス・ラーニングを実施されるファシリテーターの方、そしてサービス・ラーニング活動に参加する受講者の方々に、「サービス・ラーニングとはどういうものなのか」を知っていただくための概略が書かれています。

　第2部では、サービス・ラーニング活動を行なう際に必要な考え方を身につけられるよう、いろいろな状況で役立つアクティビティをご紹介しています。各アクティビティ冒頭の枠に示した所要時間はおおよその目安ですが、所要時間は「＊やり方」の部分だけで、そのあとの「＊振り返り」のための時間は含めてありません。「＊振り返り」の質問は、ペアワークやグループワークではなく、個人で行なうように設定されているので、アクティビティ後に授業時間内で行なうほか、

課題として提出してもらうこともできます。また、冒頭枠内の実施対象者もおおよその目安です。小学生や中学生など、振り返りがむずかしい場合は、アクティビティの部分だけを実施していただくのでもよいかもしれません。それでも十分な学びは得られると思います。ちなみに、「＊振り返り」の部分は受講される学生さん向けに、それより前の部分（冒頭から「＊やり方」の最後まで）は実施されるファシリテーター（先生）向けに書かれています。そして、各アクティビティの末尾に掲載されているコラムは、米国オレゴン州のポートランド州立大学で一緒にサービス・ラーニングの研究・実践をされていた専門家３名が執筆したものです。コラムには、サービス・ラーニングにまつわるエピソードや、コラム執筆者からの問いかけも盛り込まれています。これらを題材として、受講者とさらなるディスカッションをすることも可能です。

　第３部では、実際にサービス・ラーニング活動を行なう際に使用されることが多いと思われる書類を、簡単な説明とともに挙げておきました。ご活用いただければ幸いです。

　この本に掲載されているアクティビティは、国際教育、異文化間教育を手掛けてきた先人たちからの知的財産を引き継いで作成したオリジナルのほかに、執筆者がポートランド州立大学のCommunity-Based Learning（通称 CBL）のワークショップで体験したものを、そのワークショップ主催者とチームの皆さんのご厚意により紹介させていただいたものもあります。CBLの代表である西芝雅美先生に感謝いたします。また、青山学院大学の秋元みどり先生には全体を通して通読していただきました。そして、ジェシカ・ゾニ・アプトンさんには、コラム執筆者の似顔絵を描いていただきました。ここに感謝申し上げます。さらに、本書の出版に関しては、麗澤大学経済学会による助成があり可能となりました。深く感謝いたします。最後に、限られた時間の中で本書を完成させるにあたり心血を注ぎご尽力下さった、研究社の濱倉直子さんに心よりお礼を申し上げます。

2021年2月
著者一同

本書の使い方

アクティビティを実施
するのに適した対象

アクティビティを実施
するのに必要な最小
限の時間の目安
（＊振り返りは含まない）

アクティビティ
を実施するのに
適した人数

どういうときに、
このアクティビ
ティを実施する
とよいか

アクティビティ
を実施するのに
必要なファシリ
テーターの人数

アクティビティ
を実施するとき
に、必要なもの

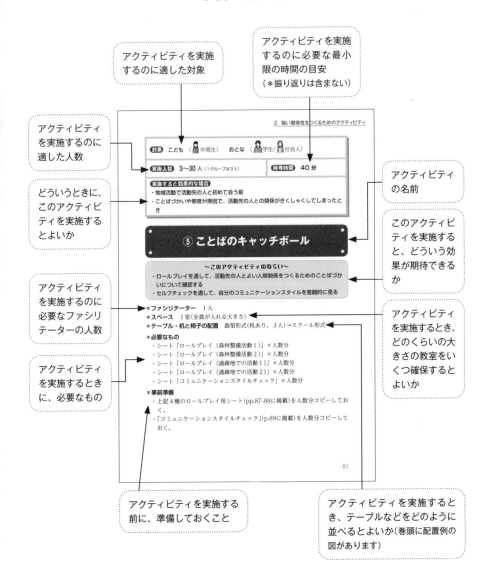

2．強い関係性をつくるためのアクティビティ

対象 こども （中高生） おとな （学生／社会人）

実施人数 3～30人（1グループは3人） 所要時間 40分

実施すると効果的な場合
・地域活動で活動先の人と初めて会う前
・ことばづかいや態度が原因で、活動先の人との関係がぎくしゃくしてしまったと
き

⑤ ことばのキャッチボール

～このアクティビティのねらい～
・ロールプレイを通して、活動先の人とよい人間関係をつくるためのことばづか
いについて確認する
・セルフチェックを通して、自分のコミュニケーションスタイルを客観的に見る

＊ファシリテーター　1人
＊スペース　1室（全員が入れる大きさ）
＊テーブル・机と椅子の配置　島型形式（机あり、3人）→スクール形式
＊必要なもの
　・シート「ロールプレイ〈森林整備活動1〉」×人数分
　・シート「ロールプレイ〈森林整備活動2〉」×人数分
　・シート「ロールプレイ〈過疎地での活動1〉」×人数分
　・シート「ロールプレイ〈過疎地での活動2〉」×人数分
　・シート「コミュニケーションスタイルチェック」×人数分
＊事前準備
　・上記4種のロールプレイ用シート（pp.87-88に掲載）を人数分コピーしてお
く。
　・「コミュニケーションスタイルチェック」（p.89に掲載）を人数分コピーして
おく。

81

アクティビティ
の名前

このアクティビ
ティを実施する
と、どういう効
果が期待できる
か

アクティビティ
を実施するとき、
どのくらいの大
きさの教室をい
くつ確保すると
よいか

アクティビティを実施する
前に、準備しておくこと

アクティビティを実施すると
き、テーブルなどをどのように
並べるとよいか（巻頭に配置例の
図があります）

実施の手順が枠内に時系列(❶❷❸...)で説明されています

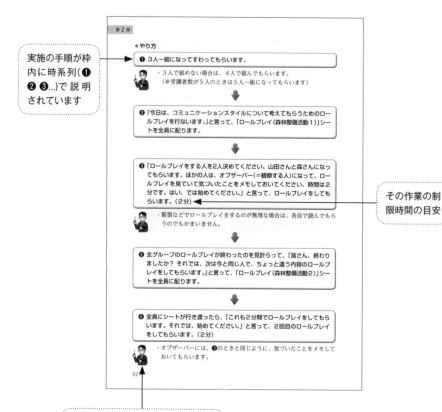

第2部

＊やり方

❶ 3人一組になってすわってもらいます。

・3人で組めない場合は、4人で組んでもらいます。
（※受講者数が5人のときは5人一組になってもらいます）

❷ 「今日は、コミュニケーションスタイルについて考えてもらうためのロールプレイを行ないます。」と言って、「ロールプレイ〈森林整備活動1〉」シートを全員に配ります。

❸ 「ロールプレイをする人を2人決めてください。山田さんと森さんになってもらいます。ほかの人は、オブザーバー（＝観察する人）になって、ロールプレイを見ていて気づいたことをメモしておいてください。時間は2分です。はい、では始めてください。」と言って、ロールプレイをしてもらいます。（2分）

・緊張などでロールプレイをするのが無理な場合は、各自で読んでもらうのでもかまいません。

❹ 全グループのロールプレイが終わったのを見計らって、「皆さん、終わりましたか？　それでは、次は今と同じ人で、ちょっと違う内容のロールプレイをしてもらいます。」と言って、「ロールプレイ〈森林整備活動2〉」シートを全員に配ります。

❺ 全員にシートが行き渡ったら、「これも2分間でロールプレイをしてもらいます。それでは、始めてください。」と言って、2回目のロールプレイをしてもらいます。（2分）

・オブザーバーには、❸のときと同じように、気づいたことをメモしておいてもらいます。

82

その作業の制限時間の目安

アクティビティを実施するときの注意事項やワンポイントアドバイス

テーブル・机と椅子の配置

オープンスペース

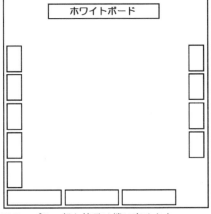

※テーブル・机と椅子は端に寄せます

スクール形式

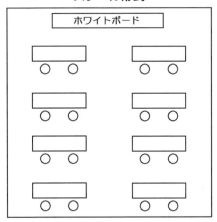

島型形式（机あり）

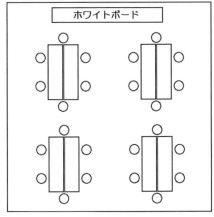

ペア形式

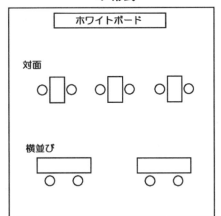

目 次

第 1 部

理論編

第 2 部

実践編

第 3 部

資料編

1. サービス・ラーニングって何？

(1) 定義と背景

　サービス・ラーニングは、学生が地域社会などのニーズに応える貢献活動（サービス）に取り組み、振り返り（リフレクション）を通して、学習目標と結びついた学び（ラーニング）を得る経験学習です。学生は必ず事前準備をしてから活動にたずさわり、活動で得た学びをその後の研究や卒業後のキャリア、人生に活かすよう期待されます。つまり、サービス・ラーニングは、社会実践を通した学びであり、知識や理論との関連づけを重視している点で、ボランティア活動や公民教育とは一線を画しているのです（図1参照）。

　サービス・ラーニングでは、地域のニーズや社会課題に対して、立場の異なる人たちと協働する活動がよく行なわれます。したがって、活動の範囲は、近隣地域や非営利団体等での国内の活動から海外の活動に至るまで広くさまざまな活動が含まれます。まさに、学生にとって、身近な地域社会や世界の現場が教室となるのです。昨今は企業でも社会貢献的な活動が行なわれていますが、サービス・ラーニングではより公的な領域で公益性の高い活動に貢献することが重視されます。そして、そのような活動を通して、自己理解・管理能力や情報収集力に加え、コミュニケーション力、リーダーシップ、問題解決力などの汎用的能力を育成するとともに、公共心や社会性、未来を担う市民としての責任感を養うことが重要な教育目標にされています。この点において、就業体験や職業訓練が目的の「インターンシップ」や、座学の授業の代わりに専門分野に関連した場所で実施される「実習」とも異なるのです。（ボランティア活動との違いについては、pp.9-10を参照。）

　それでは、サービス・ラーニングが生まれた背景をみていくことにしましょう。サービス・ラーニングは1980年代に米国の大学教育で定着し、90年代に欧州やアジア諸国に広がったのですが、サービス・ラーニングが米国の大学教育に積極的に取り入れられたのには、米国社会の宗教的・文化的背景が関係しています。というのは、米国ではキリスト教を土台とした文化があって、ボランティアをすることや進んで他者に尽くすことが人と

図1　サービス・ラーニングとは

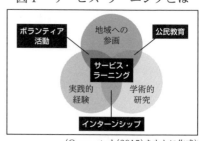

(Cress, et al.(2015)をもとに作成)

しての道であるという信念が共有されているのです。また、参加民主主義の伝統をもつ移民国家としては、社会を構成するひとりひとりが市民として積極的に地域コミュニティに対して活動することが求められました。こうした伝統と、1960年代後半の公民権運動の高まり、そして行き過ぎた個人主義によるコミュニティ崩壊の危機が社会背景となって、サービス・ラーニングが誕生したのです。

　サービス・ラーニングは、効果の高い教育実践であると全米大学・カレッジ協会に認定されていて、2021年現在、全米の3分の1にあたる1,000以上の大学がサービス・ラーニングの大学連合であるキャンパス・コンパクトに加盟しています。また、高等教育だけでなく、初等中等教育の12年間においても広く行なわれ、学校が主導して課外活動やクラブ活動に取り入れたり、授業で取り組んだりする場合もあります。子ども向けのガイドブックも出版されていて、生徒が自発的にプロジェクトを企画して、主体的に社会参画ができるような支援が充実しています。こうした教育により、米国では小さいころからリーダーシップや課題解決能力を身につけていくのです。

　日本では、古くから相互扶助の精神や地域における互助の仕組みが培われてきましたが、ボランティアということばが入ってきたのは1960年ころといわれています。そして1995年阪神・淡路大震災の被災地に全国からボランティアが集結したことが、日本社会がボランティアなどの貢献活動に目を向ける契機となり、この年は「ボランティア元年」といわれるようになりました。その3年後に特定非営利活動促進法（通称NPO法）が成立し、現在の非営利団体の活動の礎となりました。

　一方の教育現場では、子どもたちがボランティア活動を通して著しい成長を見せることに、早くから気づいていた小中学校の先生方がいました。そうした先生方が1970年代に「ボランティア学習」を教育手法として研究し始め、研究会や学会を設立して全国的なネットワーク作りを進めてきました。90年代後半以降は、災害復興やさまざまなニーズに対応するために、多くの大学でボランティアセンターが設立されました。そして、少子高齢化や過疎化等の地域社会が直面する社会課題に加えて、障がい者やマイノリティに配慮したインクルーシブな社会形成、外国人労働者等の新たな市民との共生、社会的不平等や子どもの貧困への対応など、現代的な課題に対しても大学の取組みが期待されている近年は、ボランティアセンターの延長線上に、サービス・ラーニングセンターを開設する大学が増えています。

　そもそも、日本の教育現場でサービス・ラーニングが広まってきた要因の一つとして、教育政策に基づいた教育改革が挙げられます。それにより、学生の主体的な学びを促進するための新たな教育手法が積極的に導入され、教育の質的転換の必要性が広く論じられてきたのです。

サービス・ラーニングが初めて取り上げられた2002年の中教審答申「青少年の奉仕活動・体験活動の推進方策等について」では、初等教育から高等教育まで各教育段階で取り組むべき社会貢献活動が示されました。それを受けて、初等中等教育では「総合的な学習の時間」等で体験活動を試行するようになりました。高等教育においては「学生が行うボランティア活動等を積極的に奨励するため、正規の教育活動として、ボランティア講座やサービスラーニング科目、NPOに関する専門科目等の開設やインターンシップを含め学生の自主的なボランティア活動等の単位認定等を積極的に進めることが適当である」ことが明記されました。このようなサービス・ラーニングや類似する教育活動に対して組織的な支援を奨励する政策方針が、大学におけるサービス・ラーニング普及の大きな原動力となったのです。

また、2007年に改正された学校教育法で、大学の使命として社会発展に対する貢献が明確な形で加えられたことで、大学と社会の連携を推進する強いあと押しとなりました。そして、社会や地域に関連する取組みを重要な教育活動の一つと位置づけることが、高等教育界で認識されるようになったのです。大学はサービス・ラーニングを通して地域と協働し、地域との新たなパートナーシップを構築することで、社会に変化を生み出し、よりよい世界を作る先導者としての役割が期待されているのです。

(2) アクティブ・ラーニングとの関係

アクティブ・ラーニングは、2012年の中教審答申「新たな未来を築くための大学教育の質的転換に向けて～生涯学び続け、主体的に考える力を育成する大学へ～」の用語集で「教員による一方向的な講義形式の教育とは異なり、学修者の能動的な学修への参加を取り入れた教授・学習法の総称」と定義されました。そして、「発見学習、問題解決学習、体験学習、調査学習等が含まれるが、教室内でのグループ・ディスカッション、ディベート、グループ・ワーク等も有効なアクティブ・ラーニングの方法」とされています。この定義にある「体験学習」はサービス・ラーニングと同じように体験から学ぶ教育活動で、「発見学習」「問題解決学習」「調査学習」もサービス・ラーニングと共通する要素があります（福留2019）。つまり、サービス・ラーニングはアクティブ・ラーニングの有力な教育手法の一つなのです。

アクティブ・ラーニングと深く関連する学習論として、バーとタグ（Barr & Tagg 1995）が「教えるから学ぶへ（from teaching to learning）」という論考で提唱した「教授パラダイム」から「学習パラダイム」への転換があります。従来の「教える」を中心とした教授パラダイムでは、「教員から学生へ」という指導が中心で、教員から伝達される知識を蓄積することが学習の基本でした。しか

し、学習パラダイムでは、学習は学生中心に行なわれ、学習を生み出す学習環境も教員と学生が双方向で創り出すことが重視されます。そして、知識も固定化されたものではなく、個人の中で創造され、個人の経験によって形作られるものとされているのです。

　表1は教授と学習の概念について旧来の方法と新しい方法を、さまざまな観点から比較したものです。この表を見ると、サービス・ラーニングが新しい方法の特徴を兼ね備えていることがわかります。つまり、サービス・ラーニングは、知識の応用を重視し、学びのためにチームや地域に焦点をあて、カリキュラムと指導法は共同的で、科目は統合的に配列され、学生が主体的に学ぶことを強調している教育方法と合致しています(ゲルモン 2015)。

表1　教えるから学ぶへの変化

観点	旧来の方法	新しい方法
知識	獲得	応用
焦点	個人	チーム／地域
カリキュラムの定義	教員による	教員、地域、学生による
指導法	積み上げ型	共同型
デザイン	規定の講座	統合的配置
学生の学び	受動的	能動的
変化	散発的な改革	継続的な改善

(ゲルモン(2015)より作成)

　そして、この学習論では、学生の学びのプロセスに教員がいかにかかわり、はたらきかけられるかが重要となります。しかし、それは知識を教授する旧来の教育を否定するのではありません(Tagg 2003)。というのは、学習パラダイムは、従来の教授パラダイムを土台として発展させた教授学習活動だからです(溝上 2017)。つまり、サービス・ラーニングは、座学で得た知識と、現場の活動体験を通して学ぶという点で、教授と学習の両方の要素をもつ有効な教育方法なのです。

　また、アクティブ・ラーニングの一つであるサービス・ラーニングの特筆すべき特徴は、学生を教育する資源を地域社会に求めている点、そして同時に地域コミュニティに貢献し、社会の変容に関与していく点、公共心や倫理性、市民性を養うことを重視している

図2　教授学習活動における教授パラダイムと学習パラダイムの関係

(溝上(2017)より)

点にあるといえます。

　2015年度に文部科学省が行なった調査によると「能動的学修(アクティブ・ラーニング)を効果的にカリキュラムに組み込むための検討」を行なっていると回答した大学は70%で、2012年度の時点から15%も伸びています。また「能動的学修(アクティブ・ラーニング)を取り入れた授業科目の増加を図る」とした大学も66%にのぼり、大学が新しい教育方法に積極的に取り組んでいることが数字にも表われています。

　サービス・ラーニングについては、朝日新聞と河合塾による2015年度の調査によると、地域連携やボランティア活動も含めたサービスラーニング科目を「学部全体で実施」している大学が37%、「一部の学科で実施」が12%、「一部の教員で実施」が18%と、全体の7割近くの大学がなんらかの形で実施していると回答しています。検討中(10%)も含めると、多くの大学で取組みが進んでいることがわかります。

　以上が大学での状況ですが、アクティブ・ラーニングとしてのサービス・ラーニングの特徴は、実は、初等中等教育における「主体的・対話的な深い学び」を重視する学習指導要領の教育内容や、高等学校において地域課題への参画を重要な目的とした「総合的な学習の時間」(2022年度からは「総合的な探求の時間」)での教育とも深くつながっています。今日、サービス・ラーニングが大学教育のみならず、学校教育へも広く浸透することが望まれる所以といえるでしょう。

サービス・ラーニングとは？

　サービス・ラーニングとは、他者を効果的に支援し、その経験から自分自身や他者、地域社会、世界について学ぶことです。サービス・ラーニングはシンプルであると同時に、複雑な側面ももっています。シンプルな側面とは、わたしたちは相互にかかわり合っている点です。他者の生活をよくするために自分の時間や労力を使えば、たとえそれが小さなことであっても、集まればとてもポジティブな影響を与えることができます。

　マザーテレサはこう言っています。「わたしたちがしていることは大海の一滴にすぎません。けれどその一滴が集まって大海となるのです」。

　時には社会問題や健康問題、経済問題、そして環境問題の膨大さに圧倒されてしまい、どうしたらよいのかわからなくなることもあるでしょう。そのようなとき、学生として教員として、自分たちに何ができるのだろうかと自問自答するかもしれません。かかわりたいと思っても、どうしたらよいのかわからないかもしれません。どこから始めればよいのでしょう？何をすればよいのでしょう？どこへ行けばいいのでしょう？

　ホームレスの人とかかわるのに不安を感じるかもしれませんが、それはきっと、今まで一度もホームレスの人に会ったことがないからでしょう。地震で息子を亡くしてひとりぼっちのお年寄りに、どう話しかけたらいいのか不安になるかもしれません。習慣や伝統、信念が異なる人たちが暮らしている地域に出向くのには足がすくむかもしれません。あるいはあなたがもし教員なら、このような活動が本当の学びとして評価されないのではないかと心配になるかもしれません。

　幸いなことに、サービス・ラーニングの長い歴史の中には、複雑な活動を効果的に行なうための効果の高い教育・学習方法やよい実践例があります。まさにこの本は、サービス・ラーニング活動をどうやって始めるのか、たとえば学習とアクティビティをどのような順序で進めていくのかを、ひとつひとつ丁寧に説明しています。そしてコミュニティパートナーと教育的な関係を認め築いていくうえでの困難やジレンマを克服する方

法も探っていきます。

　講義を聞いたり、試験を受けたりする今までの学習方法は、学びの成果を表わす一つの方法ですが、グループ・プロジェクトは、（経験学習の例からもわかるように）学問の応用力をつけたり、チームワーク力を育成するのに効果的です。サービス・ラーニングでは教室で学ぶ内容と、社会の人びとや社会的課題を意図的に結びつけ、どうしたら専門知識が地域をよくすることに貢献できるのかを考えます。

　これは米国オレゴン州の中学校での１例ですが、教員と生徒が、生物、化学、数学、農業について学ぶために、コミュニティ農園を始めました。生徒は地域の工具店といっしょに活動することで、材木や土、種などを寄付してもらいました。次に、地域の退職者協会の人たちと共同で農園のデザインをして作り、土地を耕し、そこに種を植えました。生徒たちは、日照時間や灌漑、肥料の違いが野菜の成長にどのように影響するかを科学的に調査しました。その次には、言語と数学、芸術的なスキルを使ってポスターを作り、学校と地域の共催サイエンスフェアでプレゼンテーションをしました。フェアには大学の生物学専攻の学生も参加したのですが、彼らは「専門家」として中学生に科学的な助言を行ないました。収穫期には、中学生が食糧支援団体といっしょに、収穫した野菜をひとり暮らしのお年寄りに届けました。

　この事例は、サービス・ラーニングの、人とのかかわり合いというシンプルな側面と、地域課題の改善戦略という複雑な側面の相対する性質を物語っています。つまり学校、地域、大学、そしてNPOというさまざまな組織と協力することによって、中学生の学びを深めることができたのです。

　活動内容が地域支援や課題解決と結びついたとき、生徒たちが学びを深め、スキルを伸ばし、自信を得ることを世界中の教員が知っています。この本では、教員、学校、学生、コミュニティに向けて、研究で裏づけされた情報や、授業内容と地域貢献を融合したアクティビティを紹介していきます。

2. サービス・ラーニングの特徴
―ほかの経験学習との違い―

(1) サービス・ラーニングの特徴

　ここからは、サービス・ラーニングと共通する要素のある ほかの経験学習との違いについて、米国の例で説明していくことにします。フルコ(Furco 1996)は、現場での体験を伴う経験学習を、① ボランティア活動(volunteerism)、② コミュニティサービス(community service)、③ インターンシップ(internships)、④ フィールド教育(field education)、⑤ サービス・ラーニング(service learning)の 5つに分類しました。そして、「活動がだれにとって有益か(Beneficiary)」と、「活動と学びのどちらを焦点とするか(Focus)」という 2 つの観点から、それぞれの特徴を明らかにしました(図 1)。

図 1 　サービスを提供する 5 つのプログラムの違い

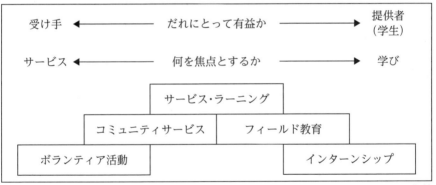

(Furco (1996: 3)のFig.2を翻訳して作成)

① ボランティア活動

　ボランティアということばは、個人の利他的な活動や行為を指しますが、ボランティア活動では学生が受け手のために慈善的な活動を行なうことが主な目的です。受け手に有益な活動なので、図 1 では一番左に位置しています。ボランティア活動は 1 回限りか数回、散発的に行なわれることが多いです。

　学校の教育活動の一環として認知症高齢者の施設を単発で訪問するボランティア活動を考えてみましょう。学生は施設の利用者のお手伝いや施設のスタッフに対するサポートをします。受け手にとって有益な活動を無償で自発的に行なうことがボランティア活動の基本です。学生はボランティア活動を通して何かを得た

り学んだりするかもしれませんが、それはあくまでも結果としてそうなったということであって、何かを学ぶことを前提に活動に取り組むのではありません。

先ほど、ボランティア活動は単発か回数が少ないといいましたが、もし、活動の回数が増えて、学生が恒常的に施設の利用者とかかわるようになったら、認知症についてより深く知ることができるかもしれません。また、かかわっている利用者のことだけでなく、認知症を取り巻く環境や支援のあり方等、社会課題の一つとして広い文脈で考えられるようになってくるかもしれません。そうなれば、次の段階であるコミュニティサービスの活動に近づくことができます。

ちなみに、サービス・ラーニングの推進者の中には、ボランティア活動はよい行ないをするという一方向の行為であって、社会問題そのものは現状維持のまま解決されず、ボランティア活動への依存状態が続くという批判的な見方もあることを付け加えておきます(Jacoby 2015)。

② コミュニティサービス

コミュニティサービスは、ボランティア活動よりも長期計画で定期的に行なわれるので、学生は活動に深くかかわることができます。大学や学校のプログラムの一環として実施する場合、学期や年単位で、地域コミュニティのニーズに対応する活動に取り組みます。

コミュニティサービスの目的は、学生が貢献活動を行なうこと、活動を通して社会課題について学び、その問題の原因や必要とされていることを探究することです。活動内容としては、環境問題への対応としてのリサイクル活動や、路上生活者支援の炊き出しの活動などを思い浮かべるとよいでしょう。

しかし、こうした活動はまだ教育課程には入っていないことが多いのが現状です。今後、コミュニティサービスの活動が正課や授業にしっかり統合されると、活動について教科に関連した視点で学ぶことができます。そして、それはサービス・ラーニングの領域に近づくことになります。

③ インターンシップ／④ フィールド教育

インターンシップとフィールド教育の主な目的は、学生の学びです。インターンは、日本では就職活動の入口としての企業等での就業体験を指すことが多いのですが、ここでは将来の職業分野における知識と実際の経験を得るために実施される現場での体験活動を指します。インターンシップは有償／無償の両方あり、非営利団体だけでなく営利企業で行なわれる場合もあります。また、授業科目の一部として行なわれたり、活動後の振り返り(リフレクション)が含まれるものもあります。

フィールド教育は、学外での実習を指します。教職や福祉、保健系、法学など

のカリキュラムの中で行なわれていることが多いようです。学生が実習を行なうことで受け手側の利益にもなりますが、本来の目的は実習を通して学生がスキルや知識を身につけることです。たとえば、福祉の資格を取る学生が施設で実習を行なったり、法律の専門家を目指す学生が自治体や企業などの現場で実務を体験したりします。フィールド教育では、長期にわたって1つの団体や機関にかかわることも多いので、学生が自身の提供するサービスがどう受け手に届いているかを意識的に考えるようになります。

　インターンシップもフィールド教育も、活動から学ぶという学生側の利点を重視していますが、加えて受入側にも貢献できるかかわり方や活動を行なうことで、サービス・ラーニングの領域に近づくことになるでしょう。

⑤ サービス・ラーニング

　では、サービス・ラーニングはどのような活動として位置づけられているのでしょうか。サービス・ラーニングは、ほかの4つの活動と異なり、貢献活動の提供者(学生)と受け手のどちらにも有益で、活動と学びの両方に焦点をおいた経験学習であるとされています。つまり、地域社会などのニーズに応える貢献活動を重視し、活動の受け手に益をもたらすと同時に、活動の振り返り(リフレクション)によって、学習目標に結びついた学びが得られるという、学生にとっても有益なものとする教育実践を追求しているのです。

　ここまで経験学習という枠組の中で説明してきましたが、サービス・ラーニングとほかの経験学習を明確に線引きするのはむずかしいことです。大切なのは、それぞれの特徴や意義を理解することです。

⑵ サービスとラーニングとの関係

　ここからは、サービス・ラーニングの4つのアプローチについて説明していきます。シグモン(Sigmon 1994)の「サービスとラーニングの類型論」では、サービス・ラーニングのサービス(貢献活動)とラーニング(学び)の関係を「service-LEARNING」「SERVICE-learning」「service learning」「SERVICE-LEARNING」の4つのタイプに分類しています。

① service-LEARNINGのアプローチ

　学生の学び、学習目標を達成することを最も重視します。このアプローチでは、サービス・ラーニング活動を授業科目の一環として行ない、教室で学んだ知識や理論、スキルを実際に現場の活動で活かします。たとえば、これは米国での例ですが、ライティングの科目で公的機関のためにプロジェクトの文書を作成したり、政治学の授業で公共機関にかかわる活動を行なったりするというものです。医療

図 2　サービスとラーニングの類型論

① service-LEARNING：学習目標がいちばん大事で、貢献活動の成果は 2 番目
② SERVICE-learning：貢献活動の成果がいちばん大事で、学習目標は 2 番目
③ service learning：貢献活動と学習目標は全く別物と考える
④ SERVICE-LEARNING：貢献活動と学習目標は同じように重要で、活動が学習
　目標を、また、学習目標が活動を高める状態がかかわる全員にあてはまる

(Sigmon(1994)をもとに作成)

保健分野や心理学の分野の臨床研修プログラムもこれに該当します。

　学生にとって一番の学習目標は、専門分野で学んだ理論をコミュニティの状況に適用することなので、教員に最も受け入れられやすいアプローチといえます。

② SERVICE-learningのアプローチ

　地域コミュニティの人たちや、組織・団体からの強いニーズによってサービス・ラーニングを開始する場合に選ばれることの多いアプローチです。学習目標は、地域コミュニティが解決を望む現場の課題に必要とされる知識を特定して、設定されます。これに該当するのは、地域活性化事業など、組織や団体から依頼される啓発活動や研究プロジェクトです。そして、活動の内容や方法は状況しだいで決まることが多いのですが、受入側の組織や団体が特定した課題が最も重要な活動となります。

③ service learningのアプローチ

　2 つの要素は別個のものととらえられているため、サービスとラーニングがハイフン(-)でつながれていません。つまり、活動経験が学習を高めることも、学習したことによって活動が向上することも期待されていないのです。これに該当するのは、授業科目やカリキュラムと結びついていないボランティア活動などです。

④ SERVICE-LEARNINGのアプローチ

　貢献活動と学びのバランスがとれているので、サービスとラーニングがどちらも大文字で、また相互に影響し合っているので、ハイフンでつながれています。このアプローチでは、地域コミュニティは自分たちのニーズを表明し、大学に対して地域課題に対する理解と支援を求めます。他方、大学・教員は地域コミュニティに科目の学習目標を示し、活動内容や方法を検討します。そして、互いの目標を共有して、長期的な関係性づくりを目指します。そうすることで、すべての

人に有益となる実践ができるようになるのです。

　そのために、大学など教育機関は地域コミュニティの状況を尊重することが大切です。そして、学生は現場の人たちと協働して、活動体験から主体的に学び、探究する姿勢が求められるのです。

　ちなみに、Sigmon（1997）は、これら4つのアプローチに優劣はつけていません。というのは、サービス・ラーニングのそれぞれのアプローチの特徴と方針を理解することが大切だからです。そして、サービスとラーニングの関係を考えるうえで、「互恵」という概念を重視しているのです。

　シグモン（Robert L. Sigmon）はサービス・ラーニング黎明期のリーダーの一人で、貢献活動を通した教育実践から互いに学び合う「互恵的な学び（reciprocal learning）」の概念を提唱しています（Sigmon 1979）。（1）で紹介したフルコの研究は、シグモンのこの概念と（2）で説明してきた類型論を発展させたものです。そして、この2人の研究者の根底にある「互恵」の概念は、サービス・ラーニングを実践するうえで非常に重要な概念の一つとなっているのです。（「互恵性」についてはpp.23-24を参照。）

ボランティアなどとの違い

　慈善活動やボランティアは、世の中をよくしていくために大切な活動です。慈善ということばは、ほかの人のためになにかよいことをするという意味で、募金をしたり食料を寄付したりする行為が例として挙げられます。同じように、ボランティアは遊び場を作ったり、ごみ拾いをするというように、自分の時間を使って個人や地域の役に立つようなことをして支援をすることを指します。慈善活動やボランティアに対する考え方は、親や年配者、宗教指導者、教員など、身近にいる人の考え方やふるまいに影響をうけます。いわゆる、「人にしてもらいたいと思うことを人にもしなさい」という「黄金律」は、孔子やキリストが唱えた哲学を由縁としていて、コミュニティの倫理や個人の倫理観に表われています。通常、慈善活動はわたしたちを元気にしてくれます。というのは、地域コミュニティはわたしたちの慈善活動やボランティアを必要としているので、わたしたちは社会に貢献ができたことで幸せを感じるのです。

　しかし、慈善活動だけでは飢餓、教育格差、災害対応のような大きな社会問題は解決できません。そういった問題には短期的な救済案だけではなく、長期的な解決策が必要だからです。解決策は学問的知識を応用し、検証し、分析することによって生み出されます。つまり、わたしたちのすばらしい知性を、地域コミュニティの問題解決のために積極的に使うべきなのです。普遍的な解決策はめったにありません。ですから、地域コミュニティを元気づけ、効力を上げるために、地域やそこに根づく文化に応じてわたしたちが適応し、やり方を工夫することが大切です。そのためには地域のニーズを知るべく、協力関係を結ぶことが欠かせません。これが「連帯」ということです。「連帯」とは焦点を、「だれかのために」から「だれかと共に」に根本的に移すことです。「だれかと共に」という活動を実施するには、役に立つサービスを提供し、いっしょに課題を解決するために、わたしたちが地域コミュニティから学ばなければならないということです。

わたしたちの批判的思考や専門知識を活動に活かすには、地域コミュニティの英知や今までの経験を知ることが重要です。「連帯」という視点で取り組めば、サービス・ラーニングは大学とコミュニティ双方にとって相互支援的で互恵的な活動になります。

　実際の例を見てみましょう。都市計画学科の教授が、学部の4年生に市の都市計画課とチームを組んで活動に取り組ませたことがあります。つい少し前に、家からキャンパスまでの道で、2人のお年寄りが車にはねられて重傷を負う事故がありました。大学の敷地では、お年寄りがよく木の下でおしゃべりをしたり、バラ園を歩いたりしていました。都市計画を専攻する学生は、交通状況を分析し、市と協力して横断歩道に信号を設置しました。しかし、数週間後、教授はお年寄りが横断歩道を渡らずに20メートル先で道を渡っていたとの連絡を受けました。それはさらに危険なことです。当惑した教授は学生たちに、なぜそのようなことをしたのか、お年寄りに聞き取り調査をするように言いました。お年寄りたちによると、車や自転車はお年寄りの動きを察知してスピードを落としてくれるので、車の切れ目を縫ってゆっくり一定のペースで渡ったほうが安全だということでした。それに対し、横断歩道の信号機はあっという間に変わってしまうので、お年寄りは道のまん中で立ち往生になってしまうというのです。

　もちろん、こういった複雑な状況を単純に解決する方法はあります。横断歩道での車の停止時間を長くすることなどです。ですが、この事例が示しているように、最新の技術やすぐれたデザインは、コミュニティでの奉仕活動ではよかれと思って使われていても、実際のニーズに合ってないかぎり効果的ではないのです。

　うまくいくサービス・ラーニング活動は地域コミュニティの視点から計画されています。ここがほかの経験学習との本質的な違いです。コミュニティの視点と経験を融合させることで、共通の関心事を生産性のある教育活動に発展させることができるのです。このような取組みによって、コミュニティサービスの経験は、一方的な「他人を助ける」という慈善的な考え方から、協働して連帯するスキルへと変化する教育学的なツールになるのです。

3. サービス・ラーニングは深い学びにどのように役立つか

(1)「振り返り」と「関与」の重要性

活動体験から学ぶために、サービス・ラーニングでは「振り返り」を重視しています。「振り返り」は、リフレクション、省察、内省などとも呼ばれます。ちなみに、サービスとラーニングの間にある中黒(・)(英語ではservice-learningのハイフン(-))は、貢献活動と学びをつなぐ「振り返り」を意味するともいわれています。

一般的に、人は経験からなにかを学んでいるものですが、それはサービス・ラーニング活動を通して獲得してほしい深い学びとは異なるものです。サービス・ラーニングでは、現場で得た感覚的な知識を絶対視しないように気をつけなければなりません。「振り返り」をしないと、学生は自分と違う人に対する固定観念を強くしてしまったり、複雑な要因がからみ合っているにもかかわらず問題を単純化してしまったり、限られた情報だけで物事を一般化してしまったりするかもしれないのです。ですから、教室で学んだ知識や理論と照らし合わせながら、経験をいろんな角度からとらえられるように、分析的に振り返ることが大切なのです(Jacoby 2015)。

サービス・ラーニングの活動サイクルと振り返り

サービス・ラーニングでは活動前、活動中、活動後のどの段階においても、振り返りが重要な役割を果たします。たとえば、活動前なら、活動で取り組むテーマを決めたり、活動の目標を明確にしたりなど、活動の計画と準備を行ないます。具体的には、自分たちがかかわる活動には、どんな背景があってどんな組織によって実施されているのか、どのような意義があるのかを調べたり、活動に対する自分の動機や関心、目標を明らかにしたりすることですが、そのような準備を「事前のリフレクション(pre-flection)」と呼ぶことがあります(クレスほか2020、Jacoby 2015)。

活動中は、意味のある活動体験となるように、現場での活動と並行して振り返りの時間をもつことが大切です。そうすることで、マイナスの感情をいだいたときに、自分の置かれた状況と感情を客観的に見つめ直し、相手の立場も理解して活動できるようになります。また、活動がうまくいかないときにも、振り返りをすることで、自分に身についている知識やスキルを引き出して、活路を見いだし、活動を進展させることができる場合もあります。そのためには、現場の様子や

図1　振り返りとサービス・ラーニングのサイクル

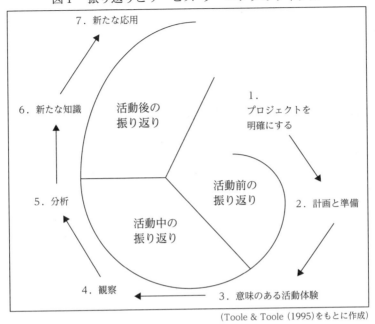

（Toole & Toole（1995）をもとに作成）

いっしょに活動している人たちをよく観察すること、感情的にならずに、さまざまな視点から体験を分析することが大切です。

　そして、活動後の振り返りは、活動を通して学んだことと学習目標の成果を確認して次の行動へつなげるために、最も重要なプロセスになります。自分たちが行なった貢献活動はどのような意義があったのかを確認し、地域や社会に対して深まった理解を「新たな知識」として、次の活動の機会に「新たな応用」を試みるのです。そうすることで学習が継続していくのです。

教員の関与

　サービス・ラーニングでは、学生は教室を飛び出して、地域社会や世界を教室にして、みずから考え、活動し、感じることを通して学習します。時に教員が想定していなかった発見や学びを得ることもあるでしょう。教員はサービス・ラーニングでは、知識を伝達する人ではなく、現場での活動と振り返りを教育的に支援する人になるのです。このような役割について、ボイヤー（1996）は、大学教員の仕事として「発見」「統合」「応用」「教育」の4つの学識（＝機能）を示し、自分の専門分野を研究する（「発見」）だけでなく、専門分野を超えた広い教養をもって（「統合」）、現場の問題と学問的知識を結びつけ（「応用」）、自分の研究を教

え込むだけでなく、学生が深い学びを得られる相互的なアプローチを検討する（「教育」）ことが必要だと述べています。つまり、教員は専門職として多様な能力を発揮することが求められているのです。

　ですから、教員はサービス・ラーニングのサイクルの中に「振り返り」を構造的に組み込んで、振り返りの方法を工夫したり、適切な質問を投げかけたりしながら、「新たな知識」を共に探究する人として学生の学びに関与するのです。そのような、従来とは違う関与のしかたを教員がすることで、学生が貢献活動とその振り返りを通して主体的、能動的に学んでいけるようになるのです。

(2) Kolbの経験学習モデル
経験学習の理論とモデル

　サービス・ラーニングにおける振り返りは、デューイ(John Dewey)の教育思想の影響を強くうけています。デューイは、教師が生徒に知識を伝達する既存の教育観へのアンチテーゼとして、生徒がみずからの経験から主体的に学ぶ、経験主義的な学びを提唱しました。デューイにとって、学ぶことは、「自分の経験を見直し、新たな知識を自分自身で生み出す」ことで、それは「観察や質問、経験したことに意味づけをする」ことを意味していました。そこで、省察的思考(Reflective Thinking)の概念を提示し、振り返りや省察的思考によって経験が「教育的」になるかどうか、つまり学びを伴うかどうかが決まると説いていたのです(Dewey 1933)。

　デューイの省察的思考を経験学習のサイクルとして発展させたのがコルブ(David A. Kolb)です。コルブは学習を「経験の変換によって知識が形成される過程」(Kolb 1984)ととらえ、経験を出発点とした4つの段階からなる循環型のモデルを構築しました。それでは、コルブの経験学習モデルについて、段階を追って説明していきます。

　まず最初に、現場で経験を得る（「① 具体的経験」）のですが、その際、活動の内容、かかわった人たち、そしてその人たちと自分との関係、現場の状況、最も重要なできごとなどについて、発言や行動、見たことを振り返り日誌に書き留めます。日誌を書くときには、解釈を含めず、事実だけを書くようにします。（「解釈」については、第2部の「観察 vs 解釈」を参照してください。）

　次は省察（「② 省察的観察」）です。① で書き留めた内容について、さまざまな視点から振り返ります。予想していたのと同じだったか、それとも違っていたか、違っていた場合は、どのように違っていたのか、また、固定観念をいだいていなかったか、自分はどう思われていたのかなど。これについても振り返り日誌に書き出します。

　次の段階は概念化（「③ 抽象的概念化」）で、活動体験と振り返りの内容を多面

図2　コルブの経験学習モデル

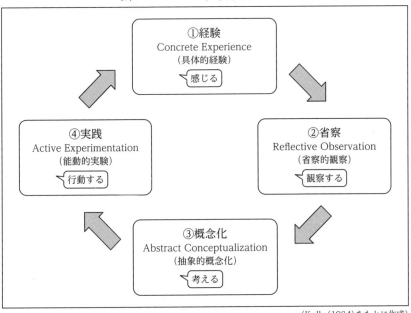

①経験
Concrete Experience
（具体的経験）
感じる

④実践
Active Experimentation
（能動的実験）
行動する

②省察
Reflective Observation
（省察的観察）
観察する

③概念化
Abstract Conceptualization
（抽象的概念化）
考える

(Kolb (1984)をもとに作成)

的、客観的に分析し、身につけた知識や理論でどのように説明できるかを考えます。そして、なぜこのような活動が地域で必要とされているのか、その問題にはどのような文化的社会的な背景があるのか、それを解決するためにはどうすればよいのかなど、社会の構造的要因を考えるのもよいでしょう。自分が経験したことを個人の問題としてだけでなく、知識や理論に照らし合わせて社会の課題としてとらえることが大切なのです。

　そして最後に、実践（「④ 能動的実験」）に進みます。① から③ までの活動体験と振り返りで得た「新たな知識」を実践するために、次の行動を起こすのです。その際に、振り返りを経て自分の考え方がどう変わったか、次の行動でどのような違いを生み出すことができるかを意識するのです。そして、このような新たな実践から次の活動体験が生まれ、経験学習のサイクルが続いていくことになるのです。

振り返りの方法

　最後に、振り返りの方法をいくつか紹介します。主な方法は「話す」「書く」「アクティビティ」「メディア」の４つです。「話す」振り返りは、口頭で報告することで、たとえばテーマを設定したディスカッション、対話、発表などが考えられ

表1　振り返りの方法

方法	例
話す	ディスカッション、口頭発表
書く	日報、指示された課題に答える
アクティビティ	ロールプレイ、クラスメイトへのインタビュー
メディア	写真や動画、コラージュ

（クレスほか(2020)をもとに作成）

ます。ほかの人に伝えることで、自分自身の経験への理解が深まると同時に、ほかの人の報告や意見を聞くことで、報告している人の振り返りも深まるという相互作用が期待できます。

　「書く」は最も一般的な振り返りの方法で、特に振り返り日誌(ジャーナル)は多くのサービス・ラーニング活動で活用されています。指示された課題や質問に対して答える形で書く場合もあれば、自由に記述してもらう場合もあります。ポートフォリオや日報というような形式にする場合もあります。(注意：ここでの「ポートフォリオ」は、金融用語での「資産の一覧表」という意味ではなく、レポートや作文、テスト、活動の様子を記録した写真や動画などをファイルに入れた作品集のようなものです。)また、報告書やレポート、リサーチペーパーを活動のまとめとして書くことで、振り返りの成果として示すことができます。

　ロールプレイやクラスメイトへのインタビューなどは、アクティビティとして行なう方法です。こうしたアクティビティをグループで実施すればチーム作りに役立つので、事前準備として効果的です。ロールプレイでは、活動に関連する場面を設定するとよいでしょう。

　「メディア」を使った振り返りは、コラージュ、絵、写真、動画、作曲などで、より創造的な表現が可能です。こうした芸術的な表現方法を用いることで、学生の個性や才能、個々の学習スタイルを尊重でき、ことばでは表現しにくい微妙な感覚や感情を作品を通して伝えることもできます。「書く」と組み合わせれば、作品をもう一度見直すことになるので、振り返りを深めることができます(クレスほか 2020、Jacoby 2015)。

深い学びのために

　サービス・ラーニングは授業内容とコミュニティサービスの経験を結び
つける効果的な教授法です。教育者であればきっとご存知のように、どれ
ほど入念に教案を作っても、学生に学びを無理強いはできません。学
びは学生の心や頭の中に存在するもので、提供された情報や経験にどの
ように意味を見いだすかは、学生しだいだからです。学習は学生の「認
識」、つまり、学生がどのように活動の内容や状況を理解し解釈をするの
かを前提としています。これこそがサービス・ラーニングの本来の力であ
り、コミュニティに対する見方を変えるものです。つまりサービス・ラー
ニングは「変容的学習」なのです。

　マハトマ・ガンジーは「世界を変えたいなら、まず自分が変わりなさ
い。」と言っています。それは、実現したいという思いと行動を一致させ
ることです。これこそがサービス・ラーニングを通した「変容的学習」の
教育目標です。

　しかし、「変容的学習」はきっかけがなければ起こりません。米国の教
育者であるジョン・デューイが言っているように、ただ教育活動やコミュ
ニティ活動を行なうだけでは不十分です。それよりは、自分の視点を批
判的に吟味し、自分の立ち位置を知識共同体の中でもう一度意識的に考
えることが必要です。残念なことに、学生も含めわたしたちは地域コミュ
ニティの問題を間違って理解していることがあります。そのような誤解
が、異なるコミュニティの人たちに対して、根深いステレオタイプや偏
見を生むことになるのです。

　「HIV感染者やエイズ患者はふしだらだからなったので、もし彼らに昼
食を提供するような活動をしたら、エイズがうつってしまうかもしれな
い。」と書いた生物学の学生がいました。これは1年次にサービス・ラー
ニングを必須で受ける大学生のものですが、物事を始めるときの不安と、
なじみのない地域コミュニティの人たちやそこでの課題にかかわること
へのとまどいが、文面から感じられます。

　しかし、現実を深く理解しようということから目を背けてしまうと、
わたしたちの知的能力は発達しません。サービス・ラーニングでは、わた

したち自身とコミュニティを変えていくために、批判的な視点で振り返るのです。

　サービス・ラーニング開始時には、学生がサービス・ラーニングでかかわるコミュニティや人びと、抱える課題についてどのような知識をもち、どのように感じているかを知る必要があります。そのために、クラスでのディスカッション、ペアワークでの情報共有、短いレポート作成、オンラインフォーラム等を行ないます。学生の認識や感情を知ることで、コミュニティの課題に対する、知的関心と意欲をかき立たせることができます。

　次に、コミュニティの課題に関する文献を読み調べることで、なぜ授業でサービス・ラーニングを行なうのかを理解させます。これが単なる慈善でなく、連帯としてのサービス・ラーニング活動の基盤となります。紙媒体だけでなく動画や音楽、芸術作品などほかのメディアも使って活動準備を行ない、自分の責任について考えさせます。さらに、見たこと感じたことについて話し合いや振り返りを行なうことで、授業内容とサービス・ラーニング活動を関連づけ、知識とスキルを使ってより大きな課題について考えられるようになるのです。

　そして、最後に振り返りをすることで、活動をより効果的に進めるために、必要に応じて適切な対応ができるだけでなく、深い意味づけや学びを反復できるようになります。以下は、ある学生がコースの最後にジャーナルにつづった文章ですが、このように視点が変わっていくことを期待しています。

　生物学専攻の学生：「わたしはHIV感染者やエイズ患者はみな悪い人だと思っていました。しかし活動を通して、低所得で教育水準の低い人がかかりやすい病気であることを知りました。地域のヘルスセンターのためにウェブサイトを更新することで、科学的データと教育支援の情報をどのように結びつけたらよいのかを学び、その情報はコミュニティの多くの人たちのために役立てることができました。」

　サービス・ラーニングに関する研究によると、学生だけでなく教員が教育日誌をつけたり、学生の評価を分析したり、地域のフィードバックに耳を傾けたりなど積極的に振り返りをすれば、教育的な効果は上がるといわれています。教員が実践者として振り返ることは、サービス・ラーニング活動を最強化し、教員自身の変容にもつながるのです。

4．サービス・ラーニングの効果を上げるには？

(1) 関係性構築の重要性——互恵性

　学生の学びと大学の地域貢献の両面において質の高いサービス・ラーニングを行なうには、シグモンが提唱したように、大学関係者（教員と学生）と、地域コミュニティの関係者が「互いに教え、互いに学び、そして、関係者全員（ステークホルダー）が活動から恩恵や利益を得られる」互恵的な関係性を構築し、持続することがとても重要です。

　ステークホルダー（＝活動にかかわる人や団体）となるのは、地元の地域団体、国内の公的機関や財団、（自分が所属しているところとは別の）大学や学校、地方自治体、企業、そして、海外の機関や組織などですが、最も身近なところでは、自分が所属している大学の他部署ということになるでしょうか。物事の進め方は、それぞれの立場や目的、役割などによって異なりますが、各ステークホルダーが主体的にサービス・ラーニング活動に関与し、関係性を築くことが求められます。

　しかし、サービス・ラーニング活動における関係性はこわれやすいものでもあります。というのは、関係性はたずさわる人によって異なり、また時間と共に変化していくからです。そのため、サービス・ラーニング活動での関係性構築にはかなりの気力が必要となります。

　サービス・ラーニング活動に必要とされる互恵的な関係性を、ジャコビー（Jacoby 2015）は「協働」（コラボレーション）と呼んでいます。そして、協働を「深く関与し、共通の目標を明確にし、体制を一緒に構築し、責任を共有し、成功に向けて共に権限と説明責任をもち、責任を共有するだけでなく、そこから得たものも共有する」関係性であると定義しています。つまり、サービス・ラーニングにおける互恵的な関係性とは、すべての関係者の知識やスキル、リソースを協働によって補完的に結びつけて相乗効果を発揮していく、長期的な関係性構築といえるでしょう。

　では、大学と地域コミュニティの互恵的な関係性はどのように構築していけばよいのでしょうか。大学も地域コミュニティも、もともと組織体として一枚岩ではありません。大学であれば、学部や専門分野ごとに違いがあります。地域コミュニティは、立場や役割によって複雑なバランスで成り立っています。それぞれの機関や組織が異なる歴史や文化、考え方をもっているので、サービス・ラーニング活動に期待する内容や、それぞれが抱える課題、そしてスキルや能力も異なります。ですから、それぞれの組織やかかわっている人のことをよく理解して、

関係性を構築していくことが必要です。

　大学などの教育機関側は、地域コミュニティのニーズや資源、能力を十分に理解して、自分たちの学術的な強みと教育目標を地域コミュニティの関心に合わせるようにすることで、よりよい関係性を築くことができるでしょう。

　大学と地域コミュニティの関係性の好例として、地域団体の能力開発(capacity building)を行なう取組みがあります。たとえば、ボランティア(活動に参加する人)の管理を行なう余力がない団体に対して、学生はその管理を一手に引き受けて、インターンとして団体の活動支援を行ないます。こうした取組みでは、学生は単に団体のお手伝いをするのではなく、団体とボランティアの人たちの間に立つことで、より主体的に団体の活動に貢献しながら学ぶことができるのです。団体側にとっても、自分たちだけでは不可能だった事業を実現することができることになります。

　そして、学生によるプロジェクトの助成金申請も1例です。活動資金を必要としているにもかかわらず、自分たちだけで助成金申請をするのは時間的にも労力的にもむずかしい団体があります。そのようなケースでは、学生は、申請書を作成する過程で団体についてより深く学ぶことができ、また助成金を獲得することで団体の活動範囲を広げることにも貢献できます。

　その他、調査、資金集め、イベント企画など、人的にも財政的にも1つの団体だけで行なうのが大変な事業をサービス・ラーニングの活動にすることが考えられます。このように、地域と大学が協働することで、お互いの能力開発ができ、活動範囲を広げられる方法は、互恵的な関係性を構築し、サービス・ラーニングの効果を上げることにつながるでしょう(Ramaley 2000)。

(2) 活動の種類と設定方法

　サービス・ラーニング活動の本場米国におけるサービス・ラーニングは活動の幅が広く、次ページの表のように類似する用語が複数存在します。

　たとえば、地域や自治体、非営利団体のために学術的研究を計画し、テーマ設定を含めすべてのプロセスを地域と共に取り組む活動を「コミュニティ・ベースト・リサーチ(地域コミュニティに根ざした調査研究)」といいますが、主に専門分野の科目で実施しています。「コミュニティ・エンゲージメント」は大学と国内外のコミュニティとの間のあらゆる形態の互恵的な交流と協働で、「シビック・エンゲージメント」は市民として主体的に社会とかかわる活動です。どちらも大学の社会貢献理念と結びついています。また、シチズンシップ教育の実践として市民的・政治的関与を奨励した「パブリック・アチーブメント」の活動もあります。

　近年、ビジネスやテクノロジーと結びついた「ソーシャル・アントレプレナーシップ(社会起業家精神)」「ソーシャル・イノベーション(社会革新)」「デザイン

サービス・ラーニング (Service-Learning)
コミュニティ・ベースト・リサーチ (Community-Based Research)
コミュニティ・エンゲージメント (Community Engagement)
シビック・エンゲージメント (Civic Engagement)
パブリック・アチーブメント (Public Achievement)
ソーシャル・アントレプレナーシップ (Social Entrepreneurship)
ソーシャル・イノベーション (Social Innovation)
デザイン思考 (Design Thinking)
コミュニティサービス (Community Service)
コミュニティ実践 (Community Practice)
コミュニティ開発 (Community Development)
経験学習 (Experiential Learning)　など

思考」などの創造的で革新的な活動も、サービス・ラーニングの周辺領域として取り上げられるようになりました。また、コミュニティに貢献するために学習よりも活動を重視する「コミュニティサービス」や「コミュニティ実践」「コミュニティ開発」の領域も、サービス・ラーニングと密接につながっています。(コミュニティサービスについては、p.10を参照。)そして、今まで挙げたものも含め、経験から学ぶあらゆる形態の総称が「経験学習」ということになります。

　ジャコビー(Jacoby 2015)は、大学教育におけるサービス・ラーニングを正課(curricular)と準正課(co-curricular)の2つに分けています。正課のサービス・ラーニングは、教養科目や専門科目で実施され、専門分野に基づくものや学際的なものが含まれます。準正課のサービス・ラーニングは、大学がプログラムの企画運営を行なったり、振り返りなどの教育的な支援をしたりしますが、単位は付与されません。活動としては、1日ボランティアなどの1回限りの経験から、長期休暇中の地域貢献活動の学生リーダーのような本格的な取組みまで、さまざまなものがあります。ちなみに、正課、準正課のほかに、学生が個人やサークルで自主的に行なう正課外の活動もあります。

　それでは、ここからは、サービス・ラーニング活動をどのように設定したらよいのか、いくつかの観点から比較してみていくことにします。

---

1)国内型と海外型
2)個人型とグループ型
3)現場型とオフィス型
4)構造化型と非構造化型
5)人間相手、自然相手、モノ(パソコン)相手
6)活動重視と学習重視

1）国内型と海外型：まず、サービス・ラーニング活動をどこで行なうのか、場所の選択は重要です。大学や学校を一歩出れば、さまざまな地域コミュニティが広がっています。国内なら、大学周辺の身近な地域から少し離れた地域、他府県まで選択肢があります。現場が海外の場合は、言語、文化、社会背景などの違いが顕著で、求められるスキルや態度も国内の場合とは異なることもあるでしょう。活動としては、国内外どちらにおいても、学校やフリースクールなどでの教育支援、都市部あるいは農村部での環境保護活動、福祉や農業支援、女性のエンパワメントなどが考えられます。

2）個人型とグループ型：個人で参加する場合は、自分と年齢層や立場が異なる人たちの中で、自律的に活動することが求められます。グループで活動する場合は、リーダーシップやチームワークを学ぶことも重要になります。

3）現場型とオフィス型：現場型の場合は、直接クライアントや団体の関係者とかかわることが多いのですが、オフィス型の場合は、事務作業など裏方の作業を行なうことで団体のミッション（任務）に貢献します。

4）構造化型と非構造化型：構造化型とは、オリエンテーションや振り返りがプログラムとして活動の中に設計されている活動です。それに対し、非構造化型は、あらかじめプログラムとしては含まれていないので、様子を見ながら臨機応変に振り返りなどを行なう活動です。どちらの型を選ぶかは、大学や教員がその活動にどの程度関与しているかによって決まる場合もあります。

5）人間相手、自然相手、モノ（パソコン）相手：活動の対象の違いです。人間相手の活動は、1対1の学習支援などのように、活動の対象となる人に直接支援するものです。自然相手の活動は、屋外で生物の採取をしたり環境整備をしたりする活動などです。モノ相手の活動は、屋内でのデータ作成や事務作業などですが、人間相手の活動や自然相手の活動と組み合わされることが多いようです。

6）活動重視と学習重視：シグモンの「サービス・ラーニングの類型論(pp.11-13)と同じ視点です。活動と学習のバランスがとれていることが望ましいのですが、プログラムの目的や形態、また、正課か正課でないかによっても、その比重は変わってきます。

以上のように、さまざまな観点から、どのようなサービス・ラーニング活動を行なうかを検討することができます。活動によっては、慈善活動や奉仕の考えに基づいて行なうものもあれば、社会課題を批判的に検討し社会正義や社会変革を目指すものもあるでしょう。教育機関側は自分たちの活動の目的を明確にしたうえで、地域コミュニティのステークホルダーが目指すものを理解し、両者でさまざまなすり合わせをしながら活動を行なうことで、よりよい協働が実現できるのです。

キーワードは互恵性

　地域コミュニティは、大学と協働することでより強くなります。たとえば、活動を通して学生が貧困の根源について学ぶだけでなく、協働すれば貧しい人びともコミュニティを変えることができるということを理解するかもしれません。その結果、貧困問題を抱えるコミュニティが、学生の新しい視点から、新たな希望や力、手段を見つけられるかもしれないのです。

　公民権運動の擁護者であるキング牧師は、協働の潜在的能力について、「人のために何かをすることで、だれもがすばらしい人になれる。」と断言しています。彼はコミュニティの課題に取り組むために、あらゆる職業や地位の人が対等な立場で参加できる基盤を築こうとしました。彼は、またこうも述べています。「どこにでもある不正は、どこにでもある正義への脅威である。わたしたちは運命共同体であり、直接的影響は間接的影響にもなる… 民主主義のために、不平等をなくさなければならない。それは道徳的かつ、知的に行われるべきだ。」と。

　サービス・ラーニングは、学生の学びを促しコミュニティを改善する、道徳的で知的な方法です。しかし、教員はそこに潜む落とし穴や、コミュニティに及ぼす悪影響の可能性にも注意しなければなりません。たとえば、学生の無断欠席、コミュニティ組織に対する知識不足、不適切な言動などです。教育、学習、サービス・ラーニングの基本原則に合意が得られていない場合、コミュニティパートナーは、教員、学生、大学関係者から搾取されていると感じることがあります。これは、信頼や学生を受け入れる意欲をそこなうだけでなく、コミュニティを改善しようとする機会をむだにしてしまうことになります。実際、「失敗した」サービス・ラーニングの取組みでは、コミュニティが一方的に大学に利用されたと感じ、一般市民と大学との関係がこわれました。

　教員は通常一人で教えるので、教育の場を共有するということに慣れていなくて、大変だと感じるかもしれません。しかし、成功を持続させ

るには、学習と奉仕活動を意図的に計画し、教員とコミュニティが相互に目的を明確にしなければなりません。教員とコミュニティパートナーがお互いの専門知識を使って利益を共有すれば、奉仕活動と学習は大きな実を結ぶのです。これが大学と地域コミュニティの「教育的互恵関係」です。

　互恵性とは、共通の目標、共有された説明責任、学生、教員、コミュニティパートナーやサービスを受ける住民にもたらされた成果などを意味しています。それはすべての関係者の協働を豊かなものにするものです。重要なのは、互恵性とは長期にわたる質の高いつき合いによって、豊かな関係が続くということです。教員がコミュニティパートナーと長年にわたって活動し関係が続くことが理想なのですが、実際、10年以上にわたってそのような関係が続いているケースもあります。

　コミュニティパートナーは教員との互恵関係とは、開かれたコミュニケーション、正直なフィードバック、相互の適応力であるとしています。そして、コミュニティパートナーのニーズに応える能力が、サービス・ラーニング活動の互恵関係によって向上したと述べています。それは教員が「パートナーのことばに耳を傾け、見解を共有」し、「忍耐力、適応性、柔軟性を発揮」し、「排除するのではなく仲間としての取組み」を試みたからです。

　また、次のようにも述べています。「教員や大学のスタッフが忙しすぎて学生とのつながりを維持できなくなると、活動が失敗に終わることがある。」「わたしたちのスタッフの多くは大学のサービス・ラーニングの経験者です。このような関係は、違いを超えて奉仕し、学ぶことに情熱を注いできた教員や学生の何世代にもわたっています。」と。

　大学とコミュニティがサービス・ラーニングのパートナーシップを成立させたとき、互恵関係は社会的、経済的、教育的変革をもたらします。サービス・ラーニング活動において、大学とコミュニティのパートナーシップを築くことは簡単ではありません。しかし、「どうすればお互いに学び合い、連帯して奉仕できるのだろうか」というシンプルな問いを心に留めておくことであなたの努力が報われることになるかもしれません。

1

サービス・ラーニングの構成要素を理解するアクティビティ

> **対象** こども （ 🧑‍🎓高校生） おとな （ 🧑‍💼学生/ 👩‍💼社会人）
>
> **実施人数** 2〜30人   **所要時間** 30分
>
> **実施すると効果的な場合**
> ・サービス・ラーニングの最初の授業
> ・サービス・ラーニングとは何かを説明するとき

① 蓮の花モデル

> **〜このアクティビティのねらい〜**
> ・サービス・ラーニングがどのような要素で成り立っているかを理解する

＊**ファシリテーター** 1人

＊**スペース** 1室(全員が入れる大きさ)

＊**テーブル・机と椅子の配置**
　ペア形式(横並び)または島型形式(机あり、3人)

＊**必要なもの**
　・模造紙×1枚
　・ホワイトボード
　・マグネット×数個
　・A4サイズ以上の色画用紙(ピンク)×13枚 （蓮の花びら用）
　・A4サイズ以上の色画用紙(黄色)×1枚 （ハチ用）
　・両面テープ
　・太い黒ペン×1本

＊**事前準備**
　・模造紙に蓮の花とハチの輪郭を描き、ホワイトボードに貼っておく(図1参照)。
　・色画用紙に蓮の花とハチのパーツを描き、それぞれのパーツにS-Lの要素を1つ書き、パーツごとに切り離す。各パーツの裏面に両面テープを貼る。

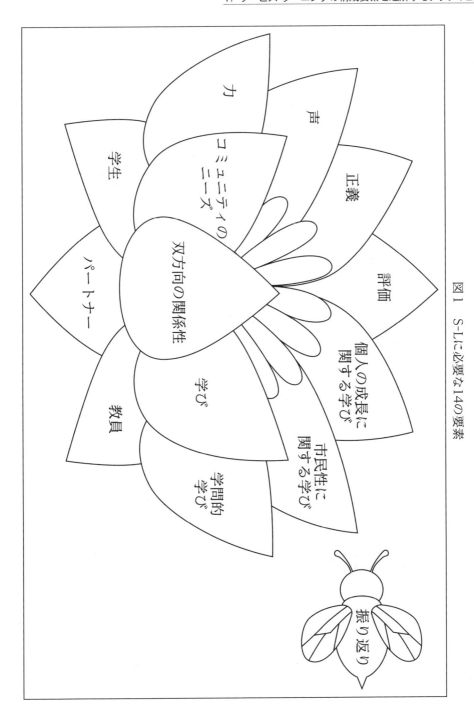

図1　S-Lに必要な14の要素

＊やり方

❶ ペアをつくってもらいます。

・受講者数が29人以上や奇数の場合は、適宜 3 人組をつくります。
・要素の数が14なので、最大で14のペアまたはグループにします。

❷ 各ペアにサービス・ラーニングの要素が書かれたパーツを配ります。

・ペアの数が14より少ない場合は、複数のパーツを配るペアをつくります。複数枚配るのはペアよりも 3 人組のほうがよいでしょう。

❸ 配られたパーツに書かれている要素の意味やS-Lでの役割について、ペアで考えてもらいます。（5分）

・ペアが13組以下なら、配り残ったパーツで例を示すとよいでしょう。

❹ 時間になったら、順番にペアの代表者に出てきてもらい、ペアで考えたことを簡単に発表しながらパーツを模造紙に貼り付けてもらいます。（10分）

・模造紙には輪郭が描いてあるので、貼り付ける場所は迷わないと思いますが、みんなで 1 つの絵を完成させることで連帯感が生まれます。

❺ 絵が完成したら、ファシリテーターがパーツに書かれた要素について、1 つずつ説明します。（10分）

・たとえば、次ページの表のように説明するとよいでしょう。

【注】このアクティビティは、Jennifer A. Alkezweeny氏によって考案されたものです。

学生	サービス・ラーニング活動に参加する生徒や学生
パートナー	国内外のNPO、地域の団体、公的機関、特定の集落など、活動によって指すものが異なり、複数存在する場合もある
教員	サービス・ラーニング活動を指導する小中高大の教員
力	コミュニティがもっている資産
コミュニティのニーズ	コミュニティが求めていること
双方向の関係性	学生、パートナー、教員が双方向にかかわること
学び	サービス・ラーニング活動を通しての学び
学問的学び	授業での学びを深めること
市民性に関する学び	コミュニティに対して責任をもつこと
個人の成長に関する学び	個人の変容について気づくこと
評価	活動が学生の学びやコミュニティにどのような影響を与えたかを測ること
正義	社会問題の原因を構造的なものととらえ、社会的に公正な世界を目指して行動していくこと
声	コミュニティにも決定権があること
振り返り	サービス・ラーニング活動を通して学んだことを確認し、次の行動につなげるために内省し分析すること

＊振り返り

(1) 以下について考えてみましょう。

① 活動を進めるにあたって、14の要素の中でいちばん大事だと思う要素は
どれですか。それはなぜでしょうか。

_____

_____

_____

_____

_____

② それでは、サービス・ラーニング全体を通して、いちばん大事だと思う要
素はどれですか。それはなぜでしょうか。

_____

_____

_____

_____

_____

③ 最もおろそかにしがちな要素はどれだと思いますか。そして、その要素
をおろそかにした場合、どのような問題が起きるでしょうか。

_____

_____

_____

_____

_____

(2) このアクティビティのねらいが達成できたか、以下について確認してみましょう。

　① 振り返りの要素がハチに書かれていたのは、なぜだと思いますか。

　　_____

　　_____

　　_____

　　_____

　　_____

　　_____

　　_____

　② 活動をさらに実り多いものにするために、蓮の花びらをもう１枚増やすとしたら、あなたはどういう要素を追加しますか。それはなぜでしょうか。

　　_____

　　_____

　　_____

　　_____

　　_____

　　_____

　　_____

学びの花を咲かせる

　この「蓮の花モデル」のアクティビティは、コミュニティ・ベースト・ラーニングのワークショップのために、日本の教員といっしょに開発したものです。「コミュニティ・ベースト・ラーニング、あるいはサービス・ラーニングって何？」という問いに答えたかったのです。サービス・ラーニングをどのように説明したらよいか考えあぐねていたときに、「十人十色」という日本のことばに出会いました。それは「物事の進め方は人によってそれぞれ異なる」という意味でした。世界には、さまざまなサービス・ラーニングのやり方があります。これが最良だと思われる実践方法もいくつかありますが、あなたの地域やクラスに合わせて活動内容を変えることが大切です。

　多くのサービス・ラーニングモデルは、コース、またはコミュニティパートナーと学生の間で互恵性がある関係づくりを重要と考えています。既存のモデルにたよるのではなく、特にパートナーと協力するために鍵となる要素をおさえて、よい実践を生むための環境を整えるモデルを作りたかったのです。

　蓮の花の根本になるのは、学生、コミュニティパートナーと教員です。3者が協力して残りの要素を支えています。蓮の花の中心は、コミュニティのニーズと学生の学びが双方向に関連し合い恩恵を得ることです。学びとは学問的なもの、市民性に関するもの、あるいは学生個人の成長（多くの場合、3つすべて）を表わします。コミュニティが目指していることや、彼らがどのような経験を通して力、声、正義を手に入れたかを考えることも忘れてはいけません。花のてっぺんには評価が来ます。これらすべての要素を集めて、花を咲かせるには、受粉、つまりハチで表わされている「振り返り」が欠かせません。

　わたしがこのモデルを気に入っているのは、サービス・ラーニング活動の要素がたくさん含まれていて、しかもそれを行なう方法を定めていないからです。もし、この蓮の花の絵をコミュニティパートナーに見せたら、自分たちがいかにサービス・ラーニングの経験に不可欠な存在で、美しい花の一部であるかがわかるでしょう。

② スノーストーム (吹雪)

〜このアクティビティのねらい〜
・活動をするにあたって生じる可能性のある不安についての予備知識を得る
・いっしょに活動するメンバーがいだいている不安について理解する

＊**ファシリテーター**　1人
＊**スペース**　1室(全員が入れる大きさ)
＊**テーブル・机と椅子の配置**　スクール形式→オープンスペース

＊**必要なもの**　A5の紙×人数分

＊**やり方**

❶ 全員好きな席にすわってもらい、各自に紙を配ります。

❷ 「今 配られた紙に、これから活動を始めるにあたって心配なことや不安に感じることを1つ書いてください。自分の名前は書かないでくださいね。」と言って、各自 記入してもらいます。(3分)

・恥ずかしがらずに正直に書いてもらうために、無記名にします。
・以下のような不安が挙がると思われます。
　「いっしょに活動するメンバーとうまくやっていけるか不安」
　「活動内容がきつかったらどうしよう」
　[山村などでの活動の場合]「虫が出てきたらこわいなぁ」

［宿泊を伴う活動の場合］「泊まるところがちゃんとしていなかったら
いやだ」

［協働パートナーが外国人の場合］「ことばがちゃんと通じるか心配」

・受講者が少ない場合、1人に複数枚の紙を配って、複数の心配事を書
いてもらってもよいと思います。但し、1枚につき1つの心配事を記
入してもらいます。

❸ 時間が来たら、「心配事を記入した紙をくしゃくしゃに丸めて雪玉を作っ
たら、その雪玉を持って、こちら（＝オープンスペース）に出てきて適当
に散らばってください。」と指示します。

・みんなで協力して、机と椅子を部屋の端に寄せて、オープンスペース
をつくります。

・書いたものをくしゃくしゃに丸めるという経験は授業ではめったにな
いので、受講者は驚くと同時に、遊びごころが生まれるでしょう。

❹ 「『痛いの 痛いの 飛んでけー』のおまじないみたいに、自分の不安や心
配を投げ飛ばす気持ちで、雪玉を部屋のあちこちに投げましょう。」と指
示します。

・雪玉が人に当たらないように注意しましょう。

❺ 「今度は、近くに落ちてきた雪玉を拾って、さらに自分の不安や心配を投
げ飛ばす気持ちで、部屋のあちこちに雪玉を投げつづけます。みんなで
部屋に吹雪を起こしますよ。」と言って、『やめ！』の合図があるまで投
げつづけてもらいます。（2分）

・雪玉を投げ合うことで、心も体も緊張がほぐれて、あとの共有がしや
すくなります。

❻ 時間になったら、「はい、投げるのをやめて、近くに落ちている雪玉を拾ってください。」と指示します。

・偶然に自分の雪玉を拾った場合も、匿名で進めるので、ほかの雪玉と交換する必要はありません。
・拾う雪玉の数は、最初に自分が投げた数と同じにします。

❼ 雪玉を持って、みんなで大きな輪をつくるように並んでもらいます。

❽ 「拾った雪玉に書かれた内容をみんなに聞こえるように読んでください。」と指示します。(❽と❾で10〜15分)

・時計回りまたは反時計回りに読んでいってもらうとよいでしょう。
・読み上げた雪玉の内容について❾を行なってから、次の雪玉に移ります。(つまり、雪玉の数だけ❽→❾を繰り返すことになります)

❾ 読み上げられた内容について、
「これはどういう活動や状況で出てくる心配事でしょうか?」
「これが、いっしょに活動しているメンバーから出た心配事だとしたら、あなたはどういうサポートができるでしょうか?」といった質問を投げかけて、自由に発言してもらいます。

・すべての雪玉について❽→❾を終えたら、終了です。
・雪玉に書かれた内容が今までに読み上げられたものと同じだった場合は、❾を割愛します。

【注】このアクティビティは Jennifer A. Alkezweeny氏によって考案されたものです。

41

＊振り返り

(1) 以下について考えてみましょう。

① ❽で読み上げられた内容を参考に、心配事の種類を分類してみましょう。

_____

_____

_____

_____

_____

② ❾で出た意見を参考に、不安が生じる原因を分類してみましょう。

_____

_____

_____

_____

_____

③ ❽で読み上げられた内容の中で、あなたはおそらくいだかないだろうと思う心配事はどのようなものでしょうか。また、なぜそのように思うのでしょうか。

_____

_____

_____

_____

_____

(2) このアクティビティのねらいが達成できたか、以下について確認してみましょう。

　① いっしょに活動しているメンバーの中に、あなたと同じ不安をいだいているメンバーがいたら、どうしますか。

_____

_____

_____

_____

_____

_____

_____

_____

　② あなたが抱える不安や心配事が、いっしょに活動しているメンバーのサポートでは解決できない場合、あなたはどうしようと思いますか。

_____

_____

_____

_____

_____

_____

_____

_____

_____

雪玉に聞く

　どきどきしている？ 何を言ったらいいのかなあ？ わからないのはわたしだけ？ 新しいことを始めるときには、好奇心、わくわく感、不安など、さまざまな感情がわき上がってくるものです。サービス・ラーニング活動や授業の一環として地域とかかわるときも同じです。初めて何かをするということだけでなく、自分の成績がどうなるかも心配でしょう。

　「スノーストーム」のアクティビティは、学生にとっては不安を抱えているのは自分だけではないと気づくために、教師にとっては学生が何を考えているのかを知るために有効です。わたしは、たくさんの目標を達成できるこのアクティビティが気に入っています。学生は自分が考えていることや、感じていることがわかるようになります。そして、丸めた紙を投げることで、部屋中がわくわく気分でいっぱいになります。また、不安を抱えているのはみんな同じだということがわかって、それが学生どうしのコミュニケーションの糸口となります。

　ふだん、わたしはコミュニティパートナーと初めて会う前に、このアクティビティを生徒にやらせています。コミュニティを訪問することについてクラス全体で話し合っているにもかかわらず、学生にはまだ個別に聞きたいことがあるのです。学生は自分の心配事を紙に書き出し、それを丸めて教室で投げ合います。それを拾っただれかに声に出して読んでもらうことで、ほかの人が何を考えているのかも聞くことができます。このアクティビティを行なうことで、コミュニティの訪問についてもっと深く話し合ったり、学生たちから引き出された質問に対して、ひとつずつ取り上げて深めたりすることができます。サービス・ラーニング活動以外にも、テストやプレゼンテーションの1週間前にこのアクティビティを行なうことがあります。そうすることで、教師は学生が人前で聞きづらい質問があるかどうかを確認でき、学生は丸めた紙を投げ合うことで、ストレスを発散することができるからです。

対象 こども （ 高校生）　おとな （ 学生/ 社会人）

実施人数 15～30 人　　　　　**所要時間** 60 分

実施すると効果的な場合
・サービス・ラーニング活動を開始する前
・活動において何を重要視すべきかわからないとき

③ コンセプトウェブ

～このアクティビティのねらい～
・活動のテーマに関するさまざまなことを、関連づけることで、「核になっていること（＝活動すべきこと）」と「周辺的なこと（＝活動しなくてよいこと）」に分けて理解する
・コンセプトウェブの手法を覚える

＊**ファシリテーター**　1 人
＊**スペース**　1 室（全員が入れる大きさ）
＊**テーブル・机と椅子の配置**　スクール形式
＊**必要なもの**
　・ホワイトボード
　・ホワイトボード用マーカー（黒×数本、赤・青・緑×各 1 本）
　・A 4 の紙×人数分
＊**事前準備**
　・このアクティビティで考えてもらうテーマを以下の中から選んで、ホワイトボードの中央に大きく板書しておく（図 1 参照）。

　　［考えてもらうテーマの候補］
　　　移民、飢餓、気候変動、ホームレス、LGBT、技能実習生、河川の汚染、貧困問題、過疎地域、災害復興

図1　今日のテーマ

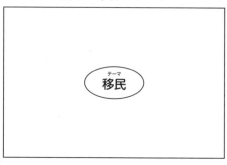

＊やり方

❶ 全員好きな席にすわってもらい、各自に紙を配ります。

❷ 「配られた紙のまん中に、ホワイトボードに書かれている今日のテーマを書き込んで〇で囲んでください。そして、そのテーマから連想されることばを〇のまわりの好きなところにどんどん書いていってください。書くことばは、単語か短い文にしてくださいね。時間は10分です。」と言って、各自始めてもらいます。（10分）

・❶で配るのは、白紙ではなく、あらかじめ図1のようにテーマを書き込んだ紙でもよいと思います。

❸ 時間になったら、「はい、時間です。それでは、5人ずつ前に出てきて、自分が書いたことばの中から1つホワイトボードに書いていってください。」と言って、順番に5人を指名します。（10分）

・黒いマーカーで書いてもらいます。
・受講者数が少ない場合は、1個ではなく、2、3個書いてもらってもよいでしょう。
・テーマが「移民」の場合は、「多様性」「食事」「宗教」「ことばの壁」「日本語教室」「排斥」「教育の機会」といったことばが挙がると思われます。

❹ 全員が書き終えたら、しばらくホワイトボード全体を眺めてもらいます。
（2分）

・「話し合う」のではなく「眺める」という方法は、内気な受講者に向いている共有の仕方だと思います。

❺ ホワイトボードに書かれていることばがどのように関連しているのかを考えて、互いに関連していることばをくもの巣状に線でつないでもらいます。（8分）

・ランダムに数人の受講者を指名して、1人につき1つの関連性の線をつないでもらいます。つなぐ線は色のマーカーを使用し、受講者によって変えるとよいでしょう。
・たとえば、テーマが「移民」の場合、図2のように、「多様性」と「食事」「宗教」が、そして「ことばの壁」と「日本語教室」がつながるでしょう。

図2　つなぎ方の例

❻ 「この色のこの線でつながれたことばに共通する課題は何だと思いますか？」と言って、すべてのくもの糸について課題を聞いていきます。（10分）

・挙手制で発表してもらい、挙がった意見をくもの巣の図の右に書いていきます。
・テーマが「移民」の場合は、「ことばの壁の問題」「文化の違いとその背景」「未就学児童」「仕事探し」「住居の確保」などの課題が挙がると思われます。

47

> ❼ 挙げられたすべての課題について、自分たちの活動で解決できるかどう
> かを考えてもらいます。解決できる課題については、具体的に何をした
> らよいかも提案してもらいます。(10分)

・1つずつ課題を読み上げて、「解決できると思う人?」と言って挙手
　してもらい、手が挙がっている人に、具体策を提案してもらうとよい
　でしょう。
・テーマが「移民」で課題が「ことばの壁の問題」の場合、「日本語教
　室でボランティアとして日本語を教える」というような意見が出ると
　思われます。

＊振り返り

(1) 以下について考えてみましょう。

① ❸で挙げられたことばの中で、❷であなたが思いつかなかったものはどういうことばでしたか。

＿＿＿＿＿＿＿＿＿＿＿＿＿＿＿＿＿＿＿＿＿＿＿＿＿

＿＿＿＿＿＿＿＿＿＿＿＿＿＿＿＿＿＿＿＿＿＿＿＿＿

＿＿＿＿＿＿＿＿＿＿＿＿＿＿＿＿＿＿＿＿＿＿＿＿＿

＿＿＿＿＿＿＿＿＿＿＿＿＿＿＿＿＿＿＿＿＿＿＿＿＿

② ❷であなたが思いついたことばの中で、❸で挙げられなかったのはどういうことばでしたか。

＿＿＿＿＿＿＿＿＿＿＿＿＿＿＿＿＿＿＿＿＿＿＿＿＿

＿＿＿＿＿＿＿＿＿＿＿＿＿＿＿＿＿＿＿＿＿＿＿＿＿

＿＿＿＿＿＿＿＿＿＿＿＿＿＿＿＿＿＿＿＿＿＿＿＿＿

＿＿＿＿＿＿＿＿＿＿＿＿＿＿＿＿＿＿＿＿＿＿＿＿＿

③ ❺でのくもの巣のつなぎ方は、あなたが考えたつなぎ方と同じでしたか。もし、違っていた場合は、あなたのつなぎ方の場合の課題はどういうことで、その課題を解決する具体策をどうしたらよいか、考えてみましょう。

＿＿＿＿＿＿＿＿＿＿＿＿＿＿＿＿＿＿＿＿＿＿＿＿＿

＿＿＿＿＿＿＿＿＿＿＿＿＿＿＿＿＿＿＿＿＿＿＿＿＿

＿＿＿＿＿＿＿＿＿＿＿＿＿＿＿＿＿＿＿＿＿＿＿＿＿

＿＿＿＿＿＿＿＿＿＿＿＿＿＿＿＿＿＿＿＿＿＿＿＿＿

＿＿＿＿＿＿＿＿＿＿＿＿＿＿＿＿＿＿＿＿＿＿＿＿＿

＿＿＿＿＿＿＿＿＿＿＿＿＿＿＿＿＿＿＿＿＿＿＿＿＿

(2)このアクティビティのねらいが達成できたか、以下について確認してみましょう。

　①このアクティビティで考えたテーマで活動を行なったあとに、もう一度同じテーマで、自分でくもの巣を作って、それぞれのくもの糸から課題を導き、次に活動するときの具体策を考えてみましょう。

　②活動を行なう前に自分で作ったくもの巣と、①で活動後に作ったくもの巣はどのように違っているでしょうか。

_____

_____

_____

_____

_____

_____

_____

アイディアをつなぐ

　「コンセプトウェブ」は、学期の初めに行なうのに適したアクティビティです。なぜなら、授業のテーマやトピックについていろんな意見を、目に見える形で表わすことができるからです。一度にたくさんの意見が共有され、共有している間はだれの意見も批判されることがないので、わたしはこのアクティビティが気に入っています。また、コミュニティパートナーに参加してもらって、自分たちの組織の仕事が、学生から出てきたさまざまなアイディアとどのように関連しているかを知ってもらうのにも役立ちます。

　わたしが教えていた「組織コミュニケーション」の授業では、メインテーマとして住宅に焦点をあてていました。そこで、黒板のまん中に「住宅」と大きな文字で書き、学生たちに前に出てきてもらってくもの巣（ウェブ）を作ってもらいました。出てきた意見は、住宅の種類、住宅の立地、住宅の値段、建築資材の耐久性、住宅不足に関連する環境問題、よい隣人、近所づきあいで大切なこと、高齢化、ホームレスなど多岐にわたりました。

　わたしたちのコミュニティパートナーは、住宅についてたくさんのアイディアが出たことに感心していました。彼女は、住宅開発の水質問題に注目していました。そして、コミュニティパートナーから学ぶにつれ、わたしたちは、住宅のある場所、建築資材の耐久性（彼女はそのあとプロセスということばも付け加えました）、住宅の値段などの要素すべてが、水質を改善するうえでいかに重要であるかがわかってきました。

　そして、コミュニティパートナーが何を重視しているかわかったうえで、わたしたちはコンセプトウェブを書き直しました。そうすることで、これらの要素を見直し、授業で何を学ぶことが必要かを明確にしました。学期の初めに作ったこのコンセプトウェブを見ながら、わたしたちはその学期中ずっと、コミュニティパートナーにとってのコミュニケーションの必要性について考えたのです。

2

強い関係性をつくるための
アクティビティ

対象	こども （中高生）	おとな （学生/ 社会人）

実施人数	4〜32 人（1グループは4人）	所要時間	30 分

実施すると効果的な場合
・初対面でのアイスブレイクとして
・初回の授業やサービス・ラーニング活動前のウォーミングアップとして

① あなたの印象は？

〜このアクティビティのねらい〜
・メンバー間でお互いをよく知り合う
・ほかの人から見た自分像を認識する
・自分らしさを呈示できるようにする

*ファシリテーター　1人
*スペース　1室（全員が入れる大きさ）
*テーブル・机と椅子の配置　島型形式（机あり、4人）
*必要なもの　シート「あなたの印象クイズ」×人数分
*事前準備
　・「あなたの印象クイズ」(p.56に掲載)を人数分コピーしておく。

*やり方

❶ 4人一組になってすわってもらいます。

・なるべく初対面どうしでグループになってもらうとよいでしょう。
・4人で組めない場合は、2人または3人で組んでもかまいません。

❷ 全員に「あなたの印象クイズ」シートを配布します。

・時間を短縮したい場合は、あらかじめシートを机に配布しておいても
よいでしょう。

**❸ まず、1から5の問いに対するあなた自身の答えを①から⑤の中から選
んで番号に〇をつけてもらいます。次に、グループのメンバーの印象で
最もあてはまると思われるものに〇をつけてもらいます。（4分）**

・あてはまる選択肢がない場合は、いちばん近いものを選ぶよう伝えま
しょう。

**❹ 1から5の問いについての自分の印象がそれぞれ①から⑤のどれだと思
うかをほかのメンバーに聞いて、自分の点数欄に正の字を書き入れます。
全員の印象を聞き終わったら、自分の答えを発表します。これをメンバー
全員について行なってもらいます。（16分）**

・1人につき4分で行ないます。タイムキーパーを決めて進めるとよい
でしょう。

**❺ 時間が来たら「おしまいです。ほかの人がいだいているイメージが、実
際の自分とかけ離れていたか、同じだったかをグループ内で話し合って
ください。」と伝えます。（5分）**

・次のような意見が出ると考えられます。
〈かけ離れていた〉
「活発なほうなのに、案外おとなしく見られていたことにショックを
受けた」
「自分が見ている自分と、他人が見ている自分のギャップに驚いた」
〈かけ離れていなかった〉
「自分そのものがまわりに伝わっていたので、逆におもしろくなかっ
た。もっと自分自身の知らない自分を探求してみたいと思った」

あなたの印象クイズ

問い	選択肢	自分の点数	(　　　)さん	(　　　)さん	(　　　)さん
1．子供のころはどんな子でしたか？	① ひょうきん者だった				
	② 人見知りだった				
	③ 本ばかり読んでいた				
	④ スポーツがよくできた				
	⑤ 生徒会長をしたことがある				
2．いちばん集中できる時間帯はいつですか？	① 明け方				
	② 午前中				
	③ 昼間				
	④ 夕食後				
	⑤ 深夜				
3．宝くじで1億円が当たったらどうしますか？	① 豪邸を建てる				
	② 高価な車や宝石などを買う				
	③ 貯金か投資をする				
	④ 募金をする				
	⑤ 起業する				
4．性格はどういうタイプですか？	① 完璧を目指すタイプ				
	② 人助けをするタイプ				
	③ 独立独歩の芸術家・職人タイプ				
	④ 好奇心旺盛タイプ				
	⑤ 何事にも果敢に挑戦するタイプ				
5．飼っている[飼いたい]動物は何ですか？	① インコ				
	② 金魚				
	③ トカゲ				
	④ ウサギ				
	⑤ カワウソ				

・振り返り(1)（p.59に掲載）を各自で行なってから❺に入るのもおすすめです。

❻「まわりの人たちに自分のことをわかってほしいと思うとき、どのような工夫が必要だと思いますか。グループで話し合って下さい。」と伝えます。（5分）

・「人は無意識に印象操作をすることがあり、常にありのままの自分を出しているわけではありません。また、ありのままの自分を呈示することが常によいわけでもありません。状況に応じた人とのかかわり方ができるとよいですね。」といったコメントを添えるとよいでしょう。

・「ジョハリの窓」を使って以下のように自己表現のしかたを考えてみるのもよいと思います。「ジョハリの窓」は1955年に米国の心理学者ジョセフ・ルフト（Joseph Luft）とハリー・インガム（Harry Ingham)によって考案された自己分析のための心理学モデルです。

ジョハリの窓

	自分は知っている	自分は知らない
他人は知っている	自分も他人も知っている **開放の窓**	自分は知らないが他人は知っている **盲点の窓**
他人は知らない	自分は知っているが他人は知らない **秘密の窓**	自分も知らないし他人も知らない **未知の窓**

「ジョハリの窓」から導き出した自己表現のしかた（例）

窓	表われる言動	対処法
開放の窓	人目を気にして自分を隠したり、飾ったりすることなく、自分らしく自由にのびのびとふるまうことができる	――
盲点の窓	自分の悪い面に気づいていない場合、知らずに人に迷惑をかけていることがある	他人からの評価をしっかりと受け止めるようにする
秘密の窓	どうしてわかってくれないのかという不満が出る 自分の悪い面を隠そうとするあまり、心からうちとけられない	自分をもっと表現するようにする
未知の窓	？	好奇心旺盛になって、新しいことに挑戦してみる

＊振り返り

(1) 以下について考えてみましょう。

① あなたはグループのメンバーの印象クイズをたくさん当てられましたか。
あまり当てられなかったですか。それは、なぜだと思いますか。

_____

_____

_____

_____

_____

② グループのメンバーがいだいていたあなたの印象は、あなた自身の答えと
同じでしたか、異なっていましたか。それについてどのように感じますか。

_____

_____

_____

_____

_____

③ ほかの人から見た自分の印象を知って、新たに発見したことはありますか。

_____

_____

_____

_____

_____

(2) このアクティビティのねらいが達成できたか、以下について確認してみましょう。

① ほかの人から見た自分像と、あなた自身が認識している自分像のギャップについて書き出してみましょう。そして、それぞれについて、感想も加えましょう。

_____

_____

_____

_____

_____

_____

_____

② これからサービス・ラーニング活動をしていくなかで、自分らしさを呈示するには、どのようにしたらよいと思いますか。

_____

_____

_____

_____

_____

_____

_____

_____

氷山を砕くもの

　「あなたの印象は？」のようなお互いについて知り合うためのアイスブレイクをサービス・ラーニング活動の前に行なうと、メンバーの間に信頼関係やチームワークが生まれます。人は自分のほんの一部しか他人には見せないといわれています。よく文化を氷山にたとえて、「見える文化」は氷山の一角で、ほとんどの部分は水面下に隠れているといいますが、人の場合も同じです。人について「見える部分」は一見して明らかな特徴、つまり性別や年齢、人種などです。しかし、その人を本当に理解するのに重要なのは、水面下の部分、つまり、育った環境や趣味、信仰する宗教、音楽の好み、さらには人生の目標などです。

　わたしたちは、時折 自分を語るうえで大切な部分を、他人に隠すことがあります。たとえば、絵心など隠れた才能をもっていても黙っているというような経験がだれにでもあるのではないでしょうか。しかし、サービス・ラーニング活動では、それぞれの学生のもっている才能を見つけ、それをコミュニティのニーズに活かすことが大切なのです。

　わたしのクラスでは、地域の子供に農場に親しみを感じてもらうためのサービス・ラーニング活動を行なっています。ある日、クラスの学生が農場で飼っている動物の絵を見せてくれました。その絵があまりにもすてきだったので、もっと農場のためにイラストを描いてもらえないか たのみました。たのまれた学生は目を輝かせて引き受けてくれました。その学生は授業が終わった現在でもインターン生として、子供農場に立てるすてきな看板を作りつづけています。これは、1人の学生の「隠れた才能」がサービス・ラーニング活動によって花開いた一つの例です。「あなたの印象は？」のようなアクティビティを通して、学生は自分の隠れた才能を探求し、自身の「ジョハリの窓」の4つの窓に気づくことができるようになるのです。

| 対象 | こども（ 小学生（高学年）/ 中高生 ）　おとな（ 学生/ 社会人 ） |

| 実施人数 | 2〜30人 | 所要時間 | 30分 |

実施すると効果的な場合
・サービス・ラーニング活動を始める前
・いっしょに活動するメンバーや協働する相手との関係がうまくいっていないとき

② 毛糸を編む

〜このアクティビティのねらい〜
・いっしょに活動する仲間との協力関係について考える
・サービス・ラーニングにかかわる3者について知る

＊**ファシリテーター**　1人
＊**スペース**　1室（全員が入れる大きさ）
＊**テーブル・机と椅子の配置**　ペア形式（横並び）

＊**必要なもの**
　・極太の毛糸（青・赤・黄色）×各1玉
　・ホワイトボード、ホワイトボード用マーカー（黒・赤・青・緑×各1本）

＊**事前準備**
　・毛糸セット（色の違う3本の毛糸をそれぞれ長さ30cmに切ったもの）を人数
　　分作っておく。
　・図1「毛糸の編み方」（p.63に掲載）をペアの数分コピーしておく。

＊やり方

❶ ペアをつくってもらい、各自に毛糸セットを１つずつ、ペアに１つ図１
のコピーを配ります。

・なるべく、初対面か、あまり話をしたことのない人どうしで組んでも
らいます。
・受講者数が奇数の場合は、ファシリテーターが入ってペアになり、❶
から❸までをいっしょに行ないます。

図１　毛糸の編み方

毛糸を３本並べます。左からA、B、Cとして説明します。
① Aを上からBとCの間に置きます。
② Cを上からBとAの間に置きます。
③ Bを上からCとAの間に置きます。
①②③を繰り返します。

❷ 「配られた図１を参考にして、ペアの相手といっしょに３本の毛糸を編ん
でください。」と指示を出します。（５分）

・ペアの相手に端を持ってもらって編み始める人、相手の助けを借りず
に一人で編み始める人などさまざまだと思いますが、ファシリテー
ターは黙って見守りましょう。

❸ 時間になったら、編むのをやめて、編んだ毛糸をペアで見せ合って、仕
上がりがどのように違うか、それはなぜかなどについて話し合ってもら
います。（５分）

❹ 時間になったら、図2を参考にして、サービス・ラーニングにかかわる3者の図をホワイトボードに大きく描き、実はこのアクティビティで使った3本の毛糸がこの3者を表わしていたことを説明して締めくくります。（5分）

図2　サービス・ラーニングにかかわる3者

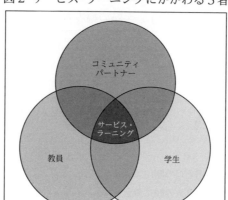

【注】 このアクティビティは、Jennifer A. Alkezweeny氏によって考案されたものです。

＊振り返り

(1) 以下について考えてみましょう。

　① あなたはどのようにして編み始めましたか。一人で編み始めましたか。それとも、ペアの相手に手伝ってもらいましたか。そして、編み始めをどのようにしたかについても、具体的に説明してください。

_____

_____

_____

_____

_____

　② ❷でファシリテーターが「ペアの相手といっしょに編んでください」と言ったのは、なぜだと思いますか。

_____

_____

_____

_____

　③ 最初から最後まで一人で編んだときと、ペアの相手といっしょに編んだときの仕上がりはどのように違うでしょう。理由も含めて考えてみましょう。

_____

_____

_____

_____

_____

(2) このアクティビティのねらいが達成できたか、以下について確認してみましょう。

① あなたが編んだ毛糸の編み目はきれいにそろっていますか。それともいびつになっていますか。それはなぜでしょうか。

_____

_____

_____

_____

_____

② ❹で、「3本の毛糸はサービス・ラーニングにかかわる3者だ」ということを説明しました。3者がうまく協働するためには、どういうことを心がけたらよいでしょうか。①で考えたことも参考にして、考えつくことをたくさん挙げてみましょう。

_____

_____

_____

_____

_____

_____

_____

_____

_____

引っ張り合って協力する

　毛糸の三つ編みは、それぞれが１本ずつ別々の状態の３本よりも強くなります。サービス・ラーニングの構成要素を考えたとき、それは三つ編みと似ていると気づきました。それは学術的な教材、コミュニティでの経験、そして、振り返りです。それぞれが重要な要素ですが、いっしょにすることで、それぞれの要素が組み合わされた強力な三つ編みができあがります。

　わたしはコミュニティパートナーといっしょにサービス・ラーニングの授業を計画するときには、この３つの要素について話し合っています。コミュニティパートナーにとって重要なのは、その授業でどのような教材を使うのか、学生がどのように振り返りを行なうのかを理解することです。そうすれば、コミュニティパートナーは共同教育者になることができるのです。

　「毛糸を編む」は、学生といっしょに楽しみながらできるアクティビティです。お互いに助け合いながら三つ編みを作ります。三つ編みを作るのは子供のとき以来でしょうから、いつもたくさんの笑い声があがります。これは学生が「右脳」、つまり通常の授業の課題をするときには使わない部分の脳を使う創造性に富んだアクティビティです。毛糸をいっしょに編んでいる間、学生はクラスメイトと指を使った体験をし、いっしょに三つ編みを作りながら、サービス・ラーニング活動の経験について語り合います。

　うまく三つ編みを作るには、サービス・ラーニングと同様にコミュニケーションと協力が必要です。編んでいる人と毛糸を持っている人の間には、学生とコミュニティパートナーのような互恵関係があります。多くの場合、完成した三つ編みのように、サービス・ラーニングにも成果物があります。学生といっしょにこのアクティビティをすることで、サービス・ラーニングの経験のそれぞれの部分がどれほど重要で、どのように相互に関連しているかを知ることができるのです。

対象 こども （中高生）　おとな （学生/社会人）

実施人数 4〜40人

所要時間 10分

実施すると効果的な場合
・授業に入る前のアイスブレイクとして
・サービス・ラーニング活動を始める前
・いっしょに活動するメンバーや協働する相手との関係がうまくいっていないとき

③ ミラーリング

〜このアクティビティのねらい〜
・相手に合わせるとはどういうことかを知る
・いろいろな立場で協働する際の心構えを考える

* **ファシリテーター**　1人
***スペース**　1室(全員が入れる大きさ)
***テーブル・机と椅子の配置**　オープンスペース

***必要なもの**　動きやすい服装

***やり方**

❶「ペアになって、向かい合って立ってください。」と指示します。

・受講者が奇数の場合は、ファシリテーターが入ってペアになります。
・体を大きく動かしてもほかのペアとぶつからないように、十分な距離をとってもらいます。

❷「今からミラーリングというアクティビティを行ないます。相手を鏡に映っている自分に見立てて、ゆっくり同じ動きをします。」と説明します。

・動作が速すぎると、相手がついてこれないので、「ゆっくり」を強調します。

❸「それでは、じゃんけんをしてください。勝ったほうがAさん、負けたほうがBさんです。」と言って、じゃんけんをしてもらいます。

❹「最初はAさんが動く人に、Bさんがまねる人になります。Aさんはゆっくりと自由に動いてください。Bさんは、Aさんの鏡になって動きを正確にまねしてくださいね。」と言います。（2分）

・「もしAさんが右手を上げたら、Bさんは左手を上げるんですよ。」というように、鏡では左右が逆になることを説明しましょう。

❺ 時間になったら、「今度はBさんが動く人、Aさんがまねる人です。Bさんはゆっくり自由に動いてください。AさんはBさんの動きを正確にまねしてくださいね。」と役割交代の指示をします。（2分）

・ゆっくり動くことを忘れているBさんがいたら、「Bさんはゆっくり動いてくださいね。」と注意します。

❻ 時間になったら、「今度は特にどちらが動くかは決めません。相手が動いたら、それに合わせて動いてください。」と指示を出します。（3分）

・しばらくは、どちらが動き出すかとまどっているペアが多いと思われますが、動き始めるのを黙って見守りましょう。

❼ 時間になったら、「はい、お疲れさまでした。動く人を決めてまねするの
　と、動く人を決めないでまねするのは、どちらがやりやすかったですか?」
　と聞きます。

　・質問には挙手で答えてもらうとよいでしょう。おそらく、ほとんどの
　　受講者が動く人を決めないでまねするほうがむずかしかったと答える
　　と思われます。

【注】このアクティビティはポートランド州立大学主催「コミュニティ・ベース
　　　教授法(CBL)ワークショップ」を参考に作成しました。

＊振り返り

(1) 以下について考えてみましょう。

① あなたがまねする人だったとき、どういう気持ちになりましたか。

_____

_____

_____

② あなたがまねしてもらう人（＝動く人）だったとき、ゆっくり動くこと以外に、どういうことに注意しましたか。

_____

_____

_____

③ このアクティビティで、動く人を決めたときのほうがやりやすかったとしたら、それはなぜだと思いますか。

_____

_____

_____

④ ❻のとき、あなたは「動く／まねる」をどのように決めましたか。

_____

_____

_____

(2) このアクティビティのねらいが達成できたか、以下について確認してみましょう。

① サービス・ラーニング活動中、だれが指揮を執るかは、どうやって決めたらよいと思いますか。

_____

_____

_____

_____

_____

_____

_____

_____

② 活動に参加するとき、あなたは、「仕切ってもらう」「自分が仕切る」「同等の立場で動く」のいずれかの立場になると思われますが、それぞれの立場で心がけたほうがよいと思うことを挙げてみましょう。

［仕切ってもらう場合］

_____

_____

［自分が仕切る場合］

_____

_____

［同等の立場で動く場合］

_____

_____

学びに活気を

　よい学びが行なわれているかどうかは、その教室の活気でわかると言われたことがあります。活気がありすぎると教室内が混乱して、学習ができなくなる可能性があります。反対に活気がなさすぎると、学生が退屈していたり、疲れていたり、頭がいっぱいになっている可能性があります。活気が必要なときに、「ミラーリング」のような元気の出るアクティビティを行なうと、学生の目をさまさせ、集中力を取り戻し、頭の中をすっきりさせることができます。

　わたしは、教室でいろんな「元気の出るアクティビティ」を行なっています。たとえば、隣の人に外国語で挨拶させたり、生活の中で起きたよいことを、立ち上がって話し合わせたりすることもあります。学生たちが元気がないときには、身体を動かしたり音楽を使ったりすることで、集中力を回復することができます。もちろん、元気づけるアクティビティをする場合は、動ける場所が十分にあるかどうかを考慮する必要があります。

　「ミラーリング」のようなアクティビティは、比喩としても使うことができます。たとえば、この「ミラーリング」のアクティビティを使って、「聞く」ことや、「人に合わせる」ことはどういうことなのかを説明することができます。その結果、このアクティビティによって高い傾聴力を身につけることも可能なのです。時にわたしたちは、コミュニティで必要としているのはこんなことだろうと勝手に想像して、サービス・ラーニング活動を始めてしまうことがあります。しかし、コミュニティパートナーのことばに耳を傾け、文字どおり「彼らのリードに身を任せる」ことができれば、活動がもっとうまく進むことがあるのです。このアクティビティは、チームとして協働する力を育むためにも使えます。どちらが先導するわけでもないミラーリングでは、ペアはお互いに注意深く相手の動きを見て合わせる必要があります。同じように、サービス・ラーニング活動で成功するには、チーム全員のニーズや考えに気を配ることが不可欠です。

| 対象 | こども（ 小学生(高学年) / 中高生） | おとな（ 学生 / 社会人） |

| 実施人数 | 2〜30 人 | 所要時間 | 25 分 |

実施すると効果的な場合
・授業や地域活動などでグループワークを行なう前
・協働する相手とのコミュニケーションがうまくいっていないとき
・グループのチームワークがうまくいっていないとき

④ お花見をしよう！

〜このアクティビティのねらい〜
・ことば一つで自分自身の気持ちだけでなく、人とのコミュニケーションの流れが変わることを体験する
・協働活動を盛り上げる提案をじょうずに出せるようになる

＊**ファシリテーター**　1人
＊**スペース**　1室(全員が入れる大きさ)
＊**テーブル・机と椅子の配置**
　ペア形式(対面または横並び、机なし)→スクール形式

＊**やり方**

❶「お花見するのにいい季節になりましたね。これから、皆さんにお花見の準備についてペアで話し合ってもらいます。」と言って、受講者にペアになってもらいます。

・受講者が奇数の場合は、3人組を1つ作るか、ファシリテーターが参加してペアになってもよいでしょう。
・ここでは「お花見」の設定にしましたが、だれかの「誕生日パーティー」や、季節によっては「クリスマスパーティー」などの設定に変えて行なってもよいと思います。

❷ まず、ペアの1人目Aさんに「お花見をしよう！わたしは〇〇を用意します。」と言って始めてもらいます。ペアの相手のBさんには「そうだね。わたしは△△を用意します。」とAさんに賛成して、違うものの準備を提案してもらいます。それを受けたAさんは「そうだね。わたしは□□を用意します。」… というように、Aさん、Bさんと交代で提案を重ねていきます。このやりとりを続けてもらいます。（5分）

・必ず「そうだね。」と受けてから続けてもらいます。
・受講者があまり楽しんでいないように見える場合は、ファシリテーターが「そうだね。わたしは♥♥を用意します。」と割って入って、突飛なものを提案すると雰囲気がなごやかになるかもしれません。

❸ 時間になったら、「はい、終了です。今度は、相手の提案を〈でも…〉と言って反対してから、別の提案をしてください。」と言って、またAさんから始めてもらいます。相手の提案に反対してから、別の提案をするというやりとりを時間が来るまで続けてもらいます。（5分）

・必ず「でも」ということばで始めて、反対意見を述べてから、提案をしてもらいます。
　例A：「お花見をしよう！わたしはレジャーシートを用意します。」
　　　B：「でも、ベンチがあるからレジャーシートはいらないと思う。わたしはお弁当を用意します。」
　　　A：「でも、お弁当は屋台が出ているからいらないでしょう。食べ物はそこで買えます。わたしは遊ぶためのボールを持っていきます。」
　　　B：「でも、ボール遊びはまわりの迷惑になるからやめたほうがいいでしょう。…」
・アクティビティ後のフィードバックのために、❷の「そうだね」のやりとりのときと比べて、受講者の様子がどのように異なるかを観察しながら見守りましょう。
　「声のトーン」「会話のスピード」「顔の表情」「ジェスチャー」「2人間の距離」「ペアの関係性（年齢差や性別など）」などに注意して観察するとよいでしょう。

❹ 時間になったら、「はい、終了です。それでは、着席してください。」と言って、ホワイトボードのほうを向いてすわってもらいます。

・組んだペアで近くにすわってもらうとよいでしょう。

❺ 「相手の提案を〈そうだね〉で肯定したり、相手に自分の提案を〈そうだね〉と肯定されたりすることで、どのような気持ちになりましたか?」と言って、感想を述べてもらいます。(4分)

・次のような感想が出ると考えられます。
「自分の提案に対して賛成してもらえてうれしかった」
「話がはずみ楽しかった」
「お花見の打合わせが早く進んでいいと思った」
「相手からさらにいいアイディアが出てきて、わくわくした」
「楽しいお花見になると思った」

❻ 「では、相手の提案を〈でも〉で否定したり、相手に自分の提案を〈でも〉と否定されたりすることで、どのような気持ちになりましたか?」と言って、感想を述べてもらいます。(4分)

・次のような感想が出ると考えられます。
「自分の提案に対して反対されて、気分が悪くなった」
「お互いに対立しているような感じで、つらくなってきた」
「お花見なんかしなくてもいいや、という気持ちになった」
「この相手とはいっしょにお花見をしたくない、という気持ちになった」
「ふだん、自分の意見を主張できないほうなので、新鮮な感じがした」

❼「それでは、〈そうだね〉で始まる会話は、協働活動を行なううえで、人間関係にどのような影響を与えると思いますか?」と質問を投げかけてみます。(3分)

・次のような意見が出ると考えられます。
「楽しむ、という共通のゴールに向かって、よりチーム意識が高まる」
「相手との距離感が近くなって、意見が言いやすくなり、相談もしやすくなる」

❽「それでは、〈でも〉で始まる会話は、協働活動を行なううえで、人間関係にどのような影響を与えると思いますか?」と質問を投げかけてみます。(4分)

・次のような意見が出ると考えられます。
「相手の意見を遮断しているような雰囲気になり、言い争いに発展しかねない」
「このようなやりとりが重なると、お互いの間に溝が生まれるかもしれない」

・「〈でも〉と頭ごなしに否定されると、感情を害してしまい、その後の人間関係がくずれてしまいがちです。まずは、相手の意見を〈そうだね〉と受け止めたあとに、〈でも…〉と自分の意見を冷静に提案するようにすると、より建設的な会話ができるかもしれませんね」と締めくくるといいでしょう。

＊振り返り

(1) 以下について考えてみましょう。

① 実際の会話の中で、「でも」を頻繁に使ったことがありますか。それは、具体的にどのようなときでしたか。

_____

_____

_____

_____

② あなたはどのような心境(不安、疑い、恐怖、その他)のときに、「でも」ということばが頻繁に出るのでしょうか。

_____

_____

_____

_____

③ 「でも」を頻繁に使う人に、どのように対応したらよいと思いますか。

_____

_____

_____

_____

④ このアクティビティを通して、自分自身のコミュニケーションスタイルについて、なにか気づいたことはありますか。

_____

_____

_____

_____

(2) このアクティビティのねらいが達成できたか、以下について確認してみま
しょう。

① ことば一つで自分自身の気持ちだけでなく、人とのコミュニケーション
の流れがどのように変わると思いますか。例を挙げて説明しましょう。

_____

_____

_____

_____

_____

_____

_____

_____

② 協働活動を盛り上げる提案をじょうずに出すには、「ことば一つの工夫」
のほかに、どのような工夫が必要だと思いますか。具体例を挙げてみま
しょう。

_____

_____

_____

_____

_____

_____

_____

チームにはツールが必要

　グループワークは、サービス・ラーニングのクラスにおいて中心となる ものです。わたしの授業では、学生はチームでサービス・ラーニングプロ ジェクトに取り組みます。各チームは、出身や専攻が異なる4人程度の 学生で構成します。

　授業計画は、さまざまな目標を統合してプランを練りますが、その目 標の一つが「コミュニケーション能力の向上」です。この目標は、「グ ループワークを通じてほかの人と効果的に協働する」能力を育成します。 皆さんもご存知のとおり、チームでプロジェクトに取り組むときに意見 の衝突は付き物です。「お花見をしよう！」の「まずは、相手の意見を肯 定するアクティビティ」は、チームが対立を乗り越えるのに最適なツー ルの一つです。

　これから話すのは、わたしが授業で経験したことです。先日ある学生 チームが、チーム内の対立を解決するのに力を貸してほしいと言ってき ました。チームの1人が、ほかのメンバーとは異なる考え方をしていた ので、間違っていると説得しようとしたところ うまくいかなかったので、 メンバー全員で彼の考えを無視しました。異なる意見を否定してしまっ たのです。結局、その学生は仲間はずれにされたと感じて、とても腹を 立てました。

　このチームの危機を解決するために、チームミーティングを行なって、 次のことについて各メンバーの思いを共有しました。

　・自分が考えるチームの問題点について
　・問題における自分の役割について
　・ほかのメンバーはどのように感じていると思うか
　・自分が考えた問題解決策について

　それぞれのメンバーに、意見を思う存分述べる機会を与え、違った視 点で問題を見ることで、グループプロジェクトを成功に導く方法を創り 出すことができました。ということで、卒業後のキャリアや生活におい ても、より効果的なコミュニケーションがとれるように、授業内でしっ かりとしたコミュニケーション能力を身につけられるよう支援しています。

対象 こども （ 中高生）　　**おとな** （ 学生/ 社会人）

実施人数 **3〜30人** (1グループは3人)　　　**所要時間** **40分**

実施すると効果的な場合
・地域活動で活動先の人と初めて会う前
・ことばづかいや態度が原因で、活動先の人との関係がぎくしゃくしてしまったとき

⑤ ことばのキャッチボール

〜このアクティビティのねらい〜
・ロールプレイを通して、活動先の人とよい人間関係をつくるためのことばづかいについて確認する
・セルフチェックを通して、自分のコミュニケーションスタイルを客観的に見る

＊ファシリテーター　1人
＊スペース　1室(全員が入れる大きさ)
＊テーブル・机と椅子の配置　島型形式(机あり、3人)→スクール形式
＊必要なもの
　・シート「ロールプレイ〈森林整備活動1〉」×人数分
　・シート「ロールプレイ〈森林整備活動2〉」×人数分
　・シート「ロールプレイ〈過疎地での活動1〉」×人数分
　・シート「ロールプレイ〈過疎地での活動2〉」×人数分
　・シート「コミュニケーションスタイルチェック」×人数分
＊事前準備
　・上記4種のロールプレイ用シート(pp.87-88に掲載)を人数分コピーしておく。
　・「コミュニケーションスタイルチェック」(p.89に掲載)を人数分コピーしておく。

* やり方

❶ 3人一組になってすわってもらいます。

・3人で組めない場合は、4人で組んでもらいます。
（※受講者数が5人のときは5人一組になってもらいます）

❷ 「今日は、コミュニケーションスタイルについて考えてもらうためのロールプレイを行ないます。」と言って、「ロールプレイ〈森林整備活動1〉」シートを全員に配ります。

❸ 「ロールプレイをする人を2人決めてください。山田さんと森さんになってもらいます。ほかの人は、オブザーバー（＝観察する人）になって、ロールプレイを見ていて気づいたことをメモしておいてください。時間は2分です。はい、では始めてください。」と言って、ロールプレイをしてもらいます。（2分）

・緊張などでロールプレイをするのが無理な場合は、各自で読んでもらうのでもかまいません。

❹ 全グループのロールプレイが終わったのを見計らって、「皆さん、終わりましたか？ それでは、次は今と同じ人で、ちょっと違う内容のロールプレイをしてもらいます。」と言って、「ロールプレイ〈森林整備活動2〉」シートを全員に配ります。

❺ 全員にシートが行き渡ったら、「これも2分間でロールプレイをしてもらいます。それでは、始めてください。」と言って、2回目のロールプレイをしてもらいます。（2分）

・オブザーバーには、❸のときと同じように、気づいたことをメモしておいてもらいます。

❻ 全グループのロールプレイが終わったのを見計らって、「皆さん、終わりましたか？ それでは、今行なった２つのロールプレイについて、グループ内で少し振り返ってもらいます。」と言って、役割別に以下について考えてもらいます。（5分）

・山田さん役の人には
　　「１と２を演じてみてどうだったか」
　森さん役の人には
　　「１と２での、山田さんのコミュニケーションスタイルの違いについてどう感じたか」
　オブザーバーには
　　「１と２を見ていてどう思ったか」
　　「山田さんのことばづかいやコミュニケーションスタイルで、なおしたほうがよいと思われるところがあるか」
　　「ほかに、気づいたことはあるか」

❼ 5分経ったところで、「今度は、先ほどとは違う設定でロールプレイをしてもらいます。」と言って、「ロールプレイ〈過疎地での活動１〉」シートを全員に配ります。

❽ 全員にシートが行き渡ったら、「ロールプレイをする人を２人決めてください。内海さんと砂川さんになってもらいます。ほかの人は、オブザーバーですので、ロールプレイを見ていて気づいたことをメモしておいてください。時間は２分です。それでは、始めてください。」と言って、ロールプレイをしてもらいます。（2分）

・先ほどオブザーバーだった人にロールプレイをしてもらうとよいでしょう。

❾ 全グループのロールプレイが終わったのを見計らって、「皆さん、終わりましたか？ それでは、次は今と同じ人で、ちょっと違う内容のロールプレイをしてもらいます。」と言って、「ロールプレイ〈過疎地での活動2〉」シートを全員に配ります。

❿ 全員にシートが行き渡ったら、「これも2分間でロールプレイをしてもらいます。それでは、始めてください。」と言って、2回目のロールプレイをしてもらいます。（2分）

 ・オブザーバーには、❽のときと同じように、気づいたことをメモしておいてもらいます。

⓫ 全グループのロールプレイが終わったのを見計らって、「皆さん、終わりましたか？ それでは、今行なった2つのロールプレイについて、グループ内で少し振り返ってもらいます。」と言って、役割別に以下について考えてもらいます。（5分）

 ・内海さん役の人には
　　「1と2を演じてみてどうだったか」
　砂川さん役の人には
　　「1と2での、内海さんのコミュニケーションスタイルの違いについてどう感じたか」
　オブザーバーには
　　「1と2を見ていてどう思ったか」
　　「内海さんのことばづかいやコミュニケーションスタイルで、なおしたほうがよいと思われるところがあるか」
　　「ほかに、気づいたことはあるか」

⓬ 時間になったら、全員 ホワイトボードのほうを向いてすわってもらい、「〈森林整備活動〉と〈過疎地での活動〉、2つのロールプレイをしてみて、あるいは観察してみて、どういうことに気づきましたか？」と言って、自由に発言してもらいます。（5分）

・以下のような意見が出てくるとよいと思いますが、もし出てこなかった場合は、活動先の方と接するときの心がけとして、ファシリテーターが示唆するとよいでしょう。

「相手との年齢差や立場によって、敬語やコミュニケーションスタイルの使い分けが必要」

「なにかをお願いするときは、失礼ではないか、相手の負担にならないかどうかを、しっかりと見極めてからにする」

「都市部でのビジネス的な活動とは異なり、地方での活動は人間関係を築くことが大切な場合が多い。計画どおりに活動を実行することに固執しすぎないようにする」

❸ 「ここまで、ロールプレイを通して、コミュニケーションスタイルについて見てきましたが、それでは、あなた自身のコミュニケーションスタイルはどうなのかをチェックしてみましょう。」と言って、全員に「コミュニケーションスタイルチェック」シートを配ります。

❹ 全員にシートが行き渡ったら、「では、やってみましょう。時間は5分間です。」と言って、始めてもらいます。（5分）

❺ 「○をつけ終わったら、奇数番号の問いの点数の合計（A）と、偶数番号の問いの点数の合計（B）を出してください。」と言って、計算してもらいます。（4分）

・（A）（B）とも、5から20の範囲の点数になります。
・計算方法がわからない人がいる場合は、
　（A）は問いの番号が奇数（1,3,5,7,9）のセルフチェック欄で、○のついた数字を合計する。
　（B）は問いの番号が偶数（2,4,6,8,10）のセルフチェック欄で、○のついた数字を合計する。
　と説明するとよいでしょう。

⓰ 全員 計算が済んだのを確かめたら、「(A)の点数のほうが高かった人？」
と言って、挙手してもらい、(A)の説明をします。同様に、「(B)の点数
のほうが高かった人？」と言って、挙手してもらい、(B)の説明をします。
（5分）

・(A)の点数が高いほど直接的なコミュニケーションスタイル、(B)の
点数が高いほど間接的なコミュニケーションスタイルをとる傾向があ
ること、そして、それぞれのコミュニケーションスタイルの特徴を説
明します。

直接的なコミュニケーションスタイルの特徴

自分の考えをストレートに発言するため、問題や課題を早く解決し
やすい。しかし、あまりにも率直に表現してしまうと、相手と意見
が対立したり、人間関係がうまくいかなくなったりすることもある。

間接的なコミュニケーションスタイルの特徴

人間関係を重視するため、対立は比較的少ない。しかし、遠慮して、
率直な意見を述べることを避けるため、相手に意思が伝わらず、何
を考えているのかわからない、という印象を与えてしまうこともあ
る。

・また、どちらのスタイルがよい／悪いということではなく、相手や状
況に応じて、2つのコミュニケーションスタイルを使い分けることが
大切だということを伝えて締めくくりましょう。

「ロールプレイ〈森林整備活動1〉」

【登場人物】山田さん(学生)、森さん(NPOの森林整備担当者)
【場面設定】作業現場で、次回の予定について確認している

森さん：次回の森林整備活動は来週土曜日の朝7時からです。

山田さん：えっ！まじっすか。超早いっすね。

森さん：山田さんは、今回30分遅刻したので、次回は時間どおりにお願いしますね。

山田さん：じゃあ、駅から現地まで車に乗せてもらえます？ バスの時間がかなり早い
んで、乗せてもらえると助かるんすけど。

森さん：いいですよ。では、駅に6時30分に来てください。

山田さん：よかったあ。じゃあ、来週土曜日に！

「ロールプレイ〈森林整備活動2〉」

【登場人物】山田さん(学生)、森さん(NPOの森林整備担当者)
【場面設定】作業現場で、次回の予定について確認している

森さん：次回の森林整備活動は来週土曜日の朝7時からです。

山田さん：はい、よろしくお願いします。

森さん：山田さんは、今回30分遅刻したので、次回は時間どおりにお願いしますね。

山田さん：[(心の中で)なんとか車に乗せてもらえないかなあ]
〈沈黙3秒〉
すみませんでした。実はバスの時間がかなり早くて、家を5時に出ないと
間に合わないんです。最近、バスの本数が減らされてしまって…。

森さん：[(心の中で)活動に参加したくないのかなあ。それとも、車に乗せてほしい
のかな。]
じゃあ、車で駅まで迎えに行きましょうか。

山田さん：いいですか。ありがとうございます。

森さん：いいですよ。では、駅に6時30分に来てください。

山田さん：ありがとうございます。よろしくお願いします。

「ロールプレイ 〈過疎地での活動 1〉」

【登場人物】内海さん(学生)、砂川さん(過疎地の地域団体の受入れ担当者)
【場面設定】活動先に到着した学生が、担当者と初対面の挨拶を交わす

内海さん：先日ご連絡しました、山中大学の内海ひかるです。村おこし活動で来ました。早速ですが、この地域でのアンケート調査を開始したいと思います。

砂川さん：ああ、遠いところをご苦労さまです。ちょっとゆっくりしてください。ほかの受入れ担当の山田さんと佐藤さんも呼んで、お茶をいれますから。

内海さん：[やや早口で] いえ、結構です。今日中にこれだけのアンケート調査を終わらせないといけないので、すぐに訪問先のリストを確認したいのですが。

砂川さん：まあ、でもね。さあ、すわって。そんなに急がなくてもいいじゃない。

内海さん：[ややいらだち、あせりながら] すみません。今日中に東京に帰らなければならないので、のんびりしていられないのです。
すぐに始めさせていただいてもよろしいでしょうか。

砂川さん：そうですか。じゃあ、訪問先のリストを見てみましょうか。

内海さん：はい、お願いいたします。

「ロールプレイ 〈過疎地での活動 2〉」

【登場人物】内海さん(学生)、砂川さん(過疎地の地域団体の受入れ担当者)
【場面設定】活動先に到着した学生が、担当者と初対面の挨拶を交わす

内海さん：先日ご連絡しました、山中大学の内海ひかると申します。村おこし活動で参りました。本日はお世話になります。この地域でのアンケート調査をさせていただきます。どうぞよろしくお願いいたします。

砂川さん：ああ、遠いところをご苦労さまです。ちょっとゆっくりしてください。ほかの受入れ担当の山田さんと佐藤さんも呼んで、お茶をいれますから。

内海さん：いえ、どうぞおかまいなく。
[(心の中で)まずは地域の方々といい関係を築くことが大切だ]
えっ、そうですか。じゃあ、おことばに甘えて、いただきます。このお茶、おいしいですね。

砂川さん：[(心の中で)喜んでくれてよかった]
このお漬物も食べてみて。

内海さん：[受入れ先の方の温かいおもてなしに親しみを感じる]
ありがとうございます。いただきます！すごくおいしいです。

コミュニケーションスタイルチェック

次の1から10の問いについて、あなたの考えに近い数字に○をつけてください。

4＝とてもあてはまる 　　　3＝まあまああてはまる
2＝あまりあてはまらない 　　1＝全然あてはまらない

	問い	セルフチェック			
1.	以心伝心はない。自分の思ったことは、相手に伝える	4	3	2	1
2.	まわりに気をつかいすぎるため、人にお願いするのが苦手だ	4	3	2	1
3.	計画どおりに進めるために、言うべきことははっきり言う	4	3	2	1
4.	都合が悪くても、人の誘いをはっきりと断ることができない	4	3	2	1
5.	自分の意見はストレートに相手に伝えることが大切だ	4	3	2	1
6.	相手に自分の意見を伝えるときは、人間関係をこわさないように、ストレートな表現にならないよう気をつけている	4	3	2	1
7.	異論があるときは、自分の意見を述べる	4	3	2	1
8.	異論があるときは、相手を傷つけないよう、人を介して伝えてもらう	4	3	2	1
9.	人の誘いよりも自分の予定を優先したいときは、行けないとはっきり伝える	4	3	2	1
10.	はっきりとしたことばで人に依頼できないため、自分の思いが伝わらないことがある	4	3	2	1

(A) 奇数番号の問いの点数合計 ＿＿＿＿点
(B) 偶数番号の問いの点数合計 ＿＿＿＿点

＊振り返り

(1) 以下について考えてみましょう。

① 「コミュニケーションスタイルチェック」をして、自分のコミュニケーションスタイルについて気づいたことを書き出してみましょう。

_____

_____

_____

_____

_____

_____

_____

_____

② 敬語はつかい方でコミュニケーションの潤滑油になりますが、ほかに、コミュニケーションの潤滑油になるのはどんなことでしょう？ 思いつくものを挙げてみましょう。

_____

_____

_____

_____

_____

_____

_____

(2) このアクティビティのねらいが達成できたか、以下について確認してみましょう。

　① ことばのつかい方やコミュニケーションのとり方について、特に注意が必要なのは、活動中のどのような場面だと思いますか。

_____

_____

_____

_____

_____

_____

_____

_____

　② 活動をする際の敬語表現やコミュニケーションスタイルについて、自分が改善したほうがよいと思うことを5つ挙げてみましょう。

_____

_____

_____

_____

_____

_____

_____

_____

性格とコミュニケーション

　性格は、コミュニケーションの仕方に表われます。性格ということばからシャイな友だちや、規則に厳しい上司を思い浮かべる人もいるでしょう。性格は成長するにつれて発達し、いつのまにかあたりまえになります。そうなると性格を変えることはむずかしくなります。そして性格はサービス・ラーニング活動にも影響します。地域のニーズをお年寄りから聞き出すのが好きな学生もいれば、インターネットで情報を集めるほうを好む学生もいるでしょう。

　さまざまなタイプの学習や奉仕活動が、わたしたちに活力を与え、情報を整理し、意思決定をするのに役立ちます。小学生の家庭教師をしたい学生がいれば、ごみ拾いをしたい学生、ウェブサイトのデザインをしたい学生もいます。スイスの精神科医カール・ユングは、人間は感覚、直感、感情、思考という４つの心理的機能のうちどれか１つを好むと言っています。どのタイプを好むのかは、わたしたちのコミュニケーションや行動に影響を与えます。

　ここで、簡単な質問をしてみましょう。

　・あなたはこの地域の人たちと協働することをどう**思いますか**。

　・あなたはこの地域の人たちと協働することに対してどう**感じますか**。

　同じことを聞いているようですが、言いまわしによって答えが変わってきます。教師はよく「どう思うか」という質問をしますが、学生は「どう感じたか」の答えを返してきます。答え方はその人の性格によります。プロジェクト型のサービス・ラーニングでは、活動する前に細部まできっちり計画を立てたがる学生もいれば、地域の状況に応じて柔軟に対応する学生もいます。大切なのは、どちらが正しいかということではありません。ものの見方や考え方が違うだけなのです。いろんな性格の学生がいることは、地域の課題に直面したときに、集団としての強みになります。なぜなら十人十色の解決法を提案できるからです。ロールプレイやケーススタディ、違った言いまわしの質問をすることで、学生が自分とほかの人の性格を理解し、共によい地域を作っていけるようになるのです。

3

社会の課題を理解するための
アクティビティ

対象	こども （高校生）	おとな （学生/社会人）

実施人数	4〜20人 (1グループは4人)	所要時間	40分

実施すると効果的な場合

・社会的立場の異なる人たちと活動をする前

・いっしょに活動している人へのステレオタイプの発言が見られるとき

① ステレオタイプはどこからくるの？

〜このアクティビティのねらい〜

・ステレオタイプはどこからくるのかについて客観的に考える

・ステレオタイプが時に人を傷つけることもあることを知る

＊**ファシリテーター**　1人

＊**スペース**　1室(全員が入れる大きさ)

＊**テーブル・机と椅子の配置**　島型形式(机あり、4人)→スクール形式

＊**必要なもの**

　・シート「ステレオタイプを挙げましょう」×人数分

＊**事前準備**

　・「ステレオタイプを挙げましょう」シート(p.98に掲載)を人数分、A4に拡大コピーしておく。

＊**やり方**

❶ **4人一組になってすわってもらいます。**

・4人で組めない場合は、3人または5人で組んでもらいます。

❷「皆さんは、ステレオタイプということばを聞いたことがありますか？ ステレオタイプとは、社会に浸透している、固定観念や先入観、思い込みなどのことです。皆さんがよく知っているステレオタイプには、特定のグループの人に対していだくイメージがあります。たとえば、血液型による性格などです。」と説明します。

　　　・ここで、ステレオタイプについて理解をしてもらいます。

❸ 各自に「ステレオタイプを挙げましょう」シートを配り、「これから皆さんに、リストのことばに対するステレオタイプを挙げてもらいます。どのことばから出していってもかまいません。グループのなかの一人が記録係になって、みんなが出した意見を(　　)内に書いていってください。制限時間は10分。グループごとに数を競い合うので、たくさん挙げるように！では始め！」と言います。（10分）

　　　・「ステレオタイプを挙げましょう」シートのいちばん下の行の空欄の「　」には、リストに挙がっていないことばで、ぜひ受講者に考えてもらいたいものを入れるとよいでしょう。

❹ 時間になったら、「はい、終了です。全部でいくつ意見が出たか、数えてください。」と言って、各グループにその数を聞いていきます。そして、いちばん数の多かったグループに、「それでは、皆さん、〇〇グループに拍手を送りましょう。」と言って、拍手で場を盛り上げます。

　　　・次の❺で発表してもらう順番を決めやすいように、それぞれのグループの数を覚えておきましょう。

❺「では、具体的にどんなステレオタイプが挙がったのかを、グループの代表者に読み上げてもらいます。」と言って、数の少なかったグループから発表してもらいます。（6分）

- 数が少なかったグループから発表してもらうのは、「もう既に挙げられてしまった意見しかない」というがっかりを防ぐためです。
- ステレオタイプを読み上げていくなかで笑いが起こるかもしれません。そのときは、何がおかしかったのかを受講者に聞いてみましょう。このあとの話し合いの鍵が見えてくるかもしれません。

❻ すべてのグループの発表が終わったら、全員 ホワイトボードのほうを向いてすわってもらいます。そして、「同じことばに対して、ポジティブなステレオタイプとネガティブなステレオタイプの両方が出てきたものがありました。それは、なぜだと思いますか?」と言って、考えてもらいます。(6分)

- ❺の発表の中に、1つのことばに対して、ポジティブなステレオタイプとネガティブなステレオタイプの両方が出てこなかった場合は、リストの中から何か1語を選んで、どういう例があるかを説明します。

❼ 「発表してもらったステレオタイプの中に、ジョークのつもりで使ったら人を傷つけてしまうかもしれないものはありませんでしたか?」と聞いてみます。(6分)

- ❺の発表で、該当するものが出てこなかった場合は、リストの中から何か1語を選んで、例を挙げてみるとよいでしょう。

❽ 「ここまで、ステレオタイプについていろいろと考えてきましたが、それでは、結局、ステレオタイプはどこからくるものだと思いますか? ❸で自分が挙げたステレオタイプについて、『○○というステレオタイプはどこそこからきていると思う』と答えてください。」と投げかけてみます。(7分)

- できるだけいろんな意見が出るように、「ほかには?」と言ってどんどん聞いてみましょう。

❾ 時間になったら、「はい、時間です。皆さんが挙げてくれたように、ステレオタイプはさまざまなものに影響されてつくられていることがわかりましたね。そして、ステレオタイプは必ずしもあてはまるわけではないことや、人を傷つけてしまうこともあるということもわかりました。今後はそういったことを頭の隅に置いて、いろんな人とかかわってほしいと思います。」と言って締めくくります。

「ステレオタイプを挙げましょう」シート

ステレオタイプを挙げましょう

以下「　」内の人や物に対してあなたがいだいているステレオタイプを
（　）内に挙げてください。

　例1　「刑事」（牛乳を片手にあんパンを食べながら張り込みをしている）
　例2　「理系」（理屈っぽい）（男子が多い）

「男らしさ」　　　　（　　　　　　）（　　　　　　　）（　　　　　　）
「女らしさ」　　　　（　　　　　　）（　　　　　　　）（　　　　　　）
「同性愛者」　　　　（　　　　　　）（　　　　　　　）（　　　　　　）
「体育会系」　　　　（　　　　　　）（　　　　　　　）（　　　　　　）
「草食系男子」　　　（　　　　　　）（　　　　　　　）（　　　　　　）
「肉食系女子」　　　（　　　　　　）（　　　　　　　）（　　　　　　）
「高齢者」　　　　　（　　　　　　）（　　　　　　　）（　　　　　　）
「イスラム教徒」　　（　　　　　　）（　　　　　　　）（　　　　　　）
「キリスト教徒」　　（　　　　　　）（　　　　　　　）（　　　　　　）
「日本人」　　　　　（　　　　　　）（　　　　　　　）（　　　　　　）
「中国人」　　　　　（　　　　　　）（　　　　　　　）（　　　　　　）
「アメリカ人」　　　（　　　　　　）（　　　　　　　）（　　　　　　）
「アフリカ系の人」　（　　　　　　）（　　　　　　　）（　　　　　　）
「ラテン系の人」　　（　　　　　　）（　　　　　　　）（　　　　　　）
「入れ墨」　　　　　（　　　　　　）（　　　　　　　）（　　　　　　）
「ピアス」　　　　　（　　　　　　）（　　　　　　　）（　　　　　　）
「都会」　　　　　　（　　　　　　）（　　　　　　　）（　　　　　　）
「田舎」　　　　　　（　　　　　　）（　　　　　　　）（　　　　　　）
「管理職」　　　　　（　　　　　　）（　　　　　　　）（　　　　　　）
「事務職」　　　　　（　　　　　　）（　　　　　　　）（　　　　　　）
「被災者」　　　　　（　　　　　　）（　　　　　　　）（　　　　　　）
「移民」　　　　　　（　　　　　　）（　　　　　　　）（　　　　　　）
「　　　　　」　　　（　　　　　　）（　　　　　　　）（　　　　　　）

＊振り返り

(1) 以下について考えてみましょう。

① あなたはなにかのステレオタイプにはめられたことがありますか。いや
　だったこととうれしかったことの両方を挙げてください。

_____

_____

_____

_____

② あなたはだれかをステレオタイプにはめてしまったことがありますか。
　それはどのようなものでしたか。

_____

_____

_____

_____

③ あなたはステレオタイプのジョークでだれかを傷つけてしまったことは
　ありますか。そのとき、どのようにして関係修復をしましたか。

_____

_____

_____

_____

④ あなたはステレオタイプを言いわけにしてしまった経験はありますか。
　そのとき、どのような気持ちになりましたか。

_____

_____

_____

_____

(2) このアクティビティのねらいが達成できたか、以下について確認してみま
　しょう。
　① 異なる社会的立場の人たちと活動をする際、その人たちをステレオタイ
　　プで見てしまうと、どのような障害が出てくると思いますか。具体例を
　　挙げてみましょう。

_____

_____

_____

_____

_____

_____

　② 活動中、ステレオタイプに縛られてしまいそうになったとき、どうする
　　とよいと思いますか。

_____

_____

_____

_____

_____

_____

_____

見た目で判断しない

　人はなにかに関連づけて、自分のまわりの世界を理解しようとします。通常、それは記憶に役立ち、問題のないことなのですが、時に人を傷つけたり、事実に反する有害なステレオタイプにつながることもあります。学生がある集団や社会問題に対してステレオタイプに基づいた先入観をもっていることがあります。学生がサービス・ラーニングに入るときや、地域での活動を始める前に、そういったステレオタイプを取り除いておくことが重要です。

　わたしは「キャリア教育」という授業を教えています。そこで学生は、履歴書の正しい書き方について学びます。サービス・ラーニング活動を取り入れたこの授業は、移民や難民の学生が参加する「ESLのクラス」（English as a Second Language；第二外国語としての英語を学ぶ）と合同で行なっています。この合同授業での体験を通して、米国人学生は２段階のステレオタイプに向き合うことができました。

　第一に、ESLクラスの英語を母語としない学生や、彼らの出身に関するステレオタイプを取り除くことができました。学生から次のようなコメントがありました。「わたしとパートナーを組んだ学生は、母国では先生をしていたのですが、この国では英語が話せないがために、ハウスキーピングの仕事をするしかないとのことでした。」このコメントから、「英語ができないからといって、その人が無能であると決めつけてはいけない」ということを話し合いました。

　第二に、ESLクラスの学生の国の中には、履歴書に写真を貼り、家族情報を記入することが普通であるところがあることを知って驚いていました。米国ではそのような情報を載せること自体が違法だからです。このような違いについて、両クラスの学生が共に話し合い、面接の過程でどのように差別が起こるのか、また、採用の過程でステレオタイプから身を守るためにはどうすればよいのかを共有しました。

| 対象 | おとな （ 👤学生/ 👤社会人） | | |

| 実施人数 | 4～25 人 （1グループは4人） | 所要時間 | 60 分 |

実施すると効果的な場合
・サービス・ラーニング活動を開始する前
・サービス・ラーニングの取組み内容を探しているとき

② 社会のニーズを拾い上げる

～このアクティビティのねらい～
・社会のニーズに対して敏感になる
・地域社会のニーズを探して、サービス・ラーニング(S-L)活動につなげる

＊ファシリテーター　1人
＊スペース　1室(全員が入れる大きさ)
＊テーブル・机と椅子の配置　島型形式(机あり、4～5人)

＊必要なもの
　・「課題把握シート(個人用)」×人数分
　・「課題把握シート(グループ用)」×グループの数分
　・「サービス・ラーニング活動計画」シート×グループの数分

＊事前準備
　・「課題把握シート(個人用)」(p.106に掲載)を人数分コピーしておく。
　・「課題把握シート(グループ用)」(p.107に掲載)をグループの数分コピーして
　　おく。
　・「サービス・ラーニング活動計画」シート(p.108に掲載)をグループの数分コ
　　ピーしておく。

＊やり方

❶ 4人一組になってすわってもらいます。そして、リーダーと書記を決めてもらいます。リーダーは、グループディスカッションの議事進行と発表担当であることを伝えます。

・4人で組めない場合は、5人または3人で組んでもらいます。
・可能ならば、実際にいっしょに活動するメンバーですわってもらいましょう。

❷ 「今日は、サービス・ラーニングの活動内容を決めます。まず、日常見られる迷惑行為や地域の課題、社会問題などを拾い上げて、それに対して、わたしたちにどんな対策や支援ができるかを考えて、活動計画を立てていきます。」と言って、「課題把握シート（個人用）」を全員に配ります。

❸ 「それでは、日常見られる迷惑行為や地域の課題、社会問題などについて、できるだけたくさん挙げてください。」と言って、各自で「課題把握シート（個人用）」に書き込んでもらいます。（5分）

・以下のような内容が挙がると考えられます。
「電車内での通話」
「授業中のおしゃべり」
「タバコやごみのポイ捨て」
「アルバイト先の上司の無責任な態度」
「ネット上の悪質な書き込み」
「地域に花や緑が少ない」
「子供の貧困」

❹ 時間になったら、「今 挙げたリストの中で、サービス・ラーニング活動として扱えると思うものに✓を入れてください。」と言って、「課題把握シート（個人用）」の右のチェック欄を示します。（3分）

・❸の段階で既に✓を入れている受講者がいるかもしれませんが、その場合は、さらに思いつく課題があったら挙げるよう伝えましょう。

❺ 全員のチェックが終わったのを確認したら、「ここからグループ作業に移ります。」と言って、「課題把握シート(グループ用)」をグループに 1 枚ずつ配ります。

❻ 各自が挙げたリストの中から、サービス・ラーニング活動のテーマとして扱えそうなものをグループ内で相談して 3 つにしぼって、左の列に書き込んでもらいます。（7分）

・進行はグループリーダーに行なってもらいます。メンバーを順番に当てて、✓をつけた課題を読み上げていってもらいます。そして、グループ内で挙がったすべての候補の中から 3 つにしぼった課題を、書記が記入します。

❼ つづけて、3 つにしぼられた課題について、どのようなサービス・ラーニング活動ができるかを話し合って、決まった内容を右の列に記入してもらいます。（10分）

・作業が滞っている場合は、「その課題は、具体的にどういう状態になっていて、何を解決すればよいのかを考えてみると、どういう活動が必要なのかが見えてきますよ。」とアドバイスしてあげるといいでしょう。

❽ 「3 つにしぼられた課題の中から、最終的にサービス・ラーニング活動を行なうものを 1 つ選んで、具体的な活動計画を立ててもらいます。」と言って、「サービス・ラーニング活動計画」シートをグループに 1 枚ずつ配ります。

❾ シートの内容についてグループ内で話し合って、決まった内容を記入してもらいます。（20分）

・どのようなことを記入したらよいのかイメージがわきにくい欄があるかもしれないので、最初に少し質問の時間を設けるとよいかもしれません。

・グループでの話し合いに入る前に、「サービス・ラーニングは、自分たちがもっている知識やスキルを使って主体的に活動にたずさわること、そして、自分たちにとっても、活動先の方にとっても有益になるように協働することが大切であること、そのためにこのような活動計画書の作成が必要だということを説明しておきましょう。

❿ 時間が来たら、「はい、それでは、各グループの活動計画をリーダーから発表してもらいます。」と言って、１グループ３分で発表してもらいます。（15分）

・発表ごとに大きな拍手を送るよう促して、盛り上げましょう。

⓫ 全グループの発表が終わったら、「お疲れさまでした。このように、身近なことや社会問題に目を向けることで、わたしたちが行なうサービス・ラーニング活動をより充実したものにできるということがわかったと思います。」と言って締めくくります。

「課題把握シート(個人用)」

氏名 _____

あなたのまわりで日常見られる迷惑行為や地域の課題、社会問題などを思いつく
かぎり挙げてみましょう。

サービス・ラーニング(S-L)活動として扱えると思う場合は✓を入れる
↓

	迷惑行為・地域の課題・社会問題	
1.		
2.		
3.		
4.		
5.		
6.		
7.		
8.		
9.		
10.		
11.		
12.		
13.		
14.		
15.		
16.		
17.		
18.		
19.		
20.		

「課題把握シート(グループ用)」

グループメンバー _____ / _____ / _____ / _____ / _____

	① サービス・ラーニング活動のテーマとして扱えそうな課題	② どんなサービス・ラーニング活動ができるか
1.		
2.		
3.		

「サービス・ラーニング活動計画」

グループメンバー ＿＿＿＿＿ /＿＿＿＿＿ /＿＿＿＿＿ /＿＿＿＿＿ /＿＿＿＿＿

テーマ(＝課題)	
活動目的	
有益になること ① 活動先(の人や団体) 　にとって ② あなたたちにとって	① ②
活動内容	
活動で活かせる学術的 知識とスキル	
活動期間	
活動地域(場所)	
活動先(団体・個人)	

活動メンバー　[役割]	1.	[	]
	2.	[	]
	3.	[	]
	4.	[	]
	5.	[	]

活動成果の発表方法 ・写真撮影 ・動画作成 ・アート作品制作 ・スローガン作成 ・川柳作成 ・ドラマ制作 ・その他	左のリストから選び、具体的な方法を記入する。

＊振り返り
(1) 以下について考えてみましょう。
　①❸であなたが挙げた課題には、なにか共通点や傾向がありますか。ある
　　場合は、どういった共通点や傾向でしょうか。

_____

_____

_____

_____

_____

_____

　②❻で挙げられたグループの課題の中で、あなたが思いつかなかったもの
　　はどういう課題でしたか。

_____

_____

_____

_____

_____

_____

(2) このアクティビティのねらいが達成できたか、以下について確認してみましょう。

① 地域や社会のニーズを拾い上げること（＝❸で課題を挙げること）は、あなたにとって簡単でしたか。今後、もっとよく社会のニーズに気づけるために、どういうことをしたらよいと思いますか。

---

② 拾い上げた地域や社会のニーズが、あなたたちのサービス・ラーニング活動では対応できない場合、どのような組織や団体に、どういう提案をしたらよいと思いますか。

スキルとニーズのマッチング

　どのような社会においても、数えきれないほどの問題や応えるべきニーズがあります。サービス・ラーニング活動を成功させるには、公園の整備や本の読み聞かせ、住民対象の地域防災プログラムなど、身近な課題から始めるとよいでしょう。適切なサービス・ラーニング活動を見つけるためには、まずその地域が抱えている課題について学ぶことから始めます。そして、自分がもっている知識やスキルを使い、コミュニティパートナーに助言をもらいながら取り組める課題を探します。「社会のニーズを拾い上げる」は、サービス・ラーニング活動を考えるときに学生が中心となってできる手軽なアクティビティです。

　わたしは以前、低所得のお年寄りに焦点をあてたサービス・ラーニングの授業を教えたことがあります。わたしたちのコミュニティパートナーは、低所得のお年寄りに住宅を提供する非営利団体でした。お年寄りが抱えていた大きな課題は「孤独」でした。多くのお年寄りが、近くのレストランやほかの人と交流できるイベントに行くお金がなかったため、1日中アパートの中にこもっていました。このようなお年寄りが抱える問題に気づいた学生は、ディナーつきのダンスパーティを開くことを思いつきました。学生たちはそれぞれ自分の専攻や特技を活かしてユニークなイベントを企画してくれました。音楽を専攻する学生はイベントのためにバンドを結成しました。美術専攻の学生は、フラワーアレンジメントなどの会場の飾りつけを担当しました。福祉専攻の学生は、交流チームを作って、お年寄りをダンスに誘ったり、話し相手になったりしました。イベント後にコミュニティパートナーが、このパーティーが多くのお年寄りにとってその年一番の思い出になったと話してくれました。コミュニティパートナーと協力してイベントを企画することで、学生は低所得のお年寄りが直面している、固有の課題について学ぶことができたのです。

対象 こども （ 高校生） おとな （ 学生/ 社会人）

実施人数 4〜25 人（1グループは4人） **所要時間** 45 分

実施すると効果的な場合
・環境保全活動に参加する前
・地球資源を守ることへの意識を高めたいとき
・堅苦しい雰囲気の会議などで、意見が煮詰まったとき

③ わたしたちの3R

〜このアクティビティのねらい〜
・ごみ処理の方法とその可能性について知る
・ごみ問題について具体的にできることを考える
・ワールド・カフェの手法をおぼえる

*ファシリテーター　1人
*スペース　1室（全員が入れる大きさ）
*テーブル・机と椅子の配置　島型形式（机あり、4人）
*必要なもの
　・ホワイトボード、ホワイトボード用マーカー（事前準備の板書用）
　・模造紙×グループの数分
　・カラーペン（数色）のセット×グループの数分
　・A4の紙×人数分
　・飴2、3個×人数分
　・紙皿×グループの数分

*事前準備
　・キャンディープレート（紙皿に10個くらいの飴を載せたもの）をグループの
　　数分作っておく。
　・図「3Rとは」(p.113に掲載)を大きく板書しておく。

＊やり方

❶ ４人一組になってすわってもらいます。

　　・なるべく初対面どうしでグループになってもらうとよいでしょう。
　　・４人で組めない場合は、３人または５人で組んでもらいます。

❷ 今日は、皆さんと「循環型社会」について考えていきます。「循環型社会」とは、ごみがなるべく出ないようにして、出たごみはできるだけ資源として使い、使えないごみはきちんと処理することで、天然資源の消費を抑制し、環境への負担をできるかぎり減らす社会のことです。そして、その「循環型社会」を実現するために必要なのが、３Ｒ（スリーアール）の取組みです。３Ｒとは、Reduce（リデュース：ごみが出ないようにする）、Reuse（リユース：繰り返し使う）、Recycle（リサイクル：使ったものを資源（＝原材料）に戻して再生利用する）ということです。」と言って、３Ｒの図を見てもらいます。

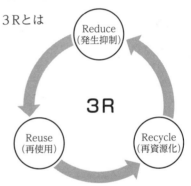

❸「そこで、わたしたちにどういった３Ｒの取組みができるかを『ワールド・カフェ』という方法で考えていこうと思います。」と言って、各テーブルに模造紙とカラーペンのセット、キャンディープレートを配ります。

　　・これ以降は、飴をなめたりしながらリラックスして進めてもらうとよいでしょう。

❹ 次に、ワールド・カフェについて説明します。「ワールド・カフェは、1995年に、アニータ・ブラウン(Juanita Brown)とデイビッド・アイザックス(David Isaacs)によって開発されました。ワールド・カフェという名前から想像できるかと思いますが、カフェのようにリラックスした雰囲気の中で会話を楽しむように、与えられたテーマについて対話する方法です。そして、いくつかのルールがありますが、今日は以下の3つを守って進めてください。①話したい人から自由に話し始める、②傾聴する(=だれかが話しているときに、質問したり否定したりしないで、黙って聞く)、③対話を楽しむ。」と言います。

❺ 〈ラウンド1〉
全部で3つの質問について話し合ってもらうので、3ラウンド行なうことになります。今からする質問について、グループで話し合って、出たアイディアを好きなカラーペンで模造紙に自由に書き込んでいってください。時間は10分です。」と言って、1ラウンド目の質問を発表します。
(10分)

| 1ラウンド目の質問：Reduce |
ごみを減らすために、わたしたちにできることは?

・次のようなアイディアが出ると考えられます。
「物を長く使う」
「必要ないものは買わない」
「食べ物を残さない」
・模造紙には、このように書き込んでもらいます。

❻ 時間が来たら、「はい、時間です。では、グループの中でひとり『ホスト』になる人を決めてください。」と言って、ホストを決めてもらいます。「ホスト以外の人は、ゲストとして違うグループに移動してください。」と言って、移動してもらいます。

・同じグループにいた人がいっしょに同じグループに移動しないよう、移動先はばらばらにしてもらいます。

❼ 〈ラウンド2〉
移動が終わったのを確認したら、「はい、それでは2ラウンド目を行ないます。まず、ホストの人がゲストの人たちに、1ラウンド目はどのような話し合いだったのかを簡単に説明してください。そのあと、ゲストの人も、自分がいたグループでの話し合いについて説明してください。全員がラウンド1の様子について説明し終えたら、ラウンド2の質問について話し合ってください。出たアイディアを模造紙に書き込むのは、先ほどと同じです。時間は10分です。」と言って、2ラウンド目の質問を発表します。(10分)

| 2ラウンド目の質問：Reuse |

使い捨てを避け、再使用する方法は？

・次のようなアイディアが出ると考えられます。
「着ない洋服は着てくれそうな人に譲る」
「ペットボトルを花瓶にする」
「My箸を携帯する」
・ReuseとRecycleを混同している場合は、典型的な例を出して、違いを説明してあげましょう。

❽ 時間が来たら、「はい、時間です。では、ホスト以外の人は、ゲストとしてまた違うグループに移動してください。」と言って、移動してもらいます。

・今までいたことのないグループに移動してもらいます。

❾ 〈ラウンド3〉
移動が終わったのを確認したら、「はい、それでは3ラウンド目を行ないます。まず、ホストの人がゲストの人たちに、2ラウンド目はどのような話し合いだったのかを簡単に説明してください。そのあと、ゲストの人も、自分がいたグループでの話し合いについて説明してください。全員がラウンド2の様子について説明し終えたら、ラウンド3の質問について話し合ってください。出たアイディアを模造紙に書き込むのは、今までと同じです。時間は10分です。」と言って、3ラウンド目の質問を発表します。（10分）

3ラウンド目の質問：Recycle
ごみを資源として再生して利用する方法は？

・次のようなアイディアが出ると考えられます。
「ルールに従ってごみの分別をすることで、再資源化につなげる」
「ペットボトルのふたを集め、再資源化に出す」
「生ごみで肥料を作り、植物の栽培に使う」

❿ 時間が来たら、「はい、時間です。では、いちばん最初のグループに戻ってください。」と言って、最初にすわっていたテーブルに戻ってもらいます。

⓫ ホストの人に、そのテーブルで出たラウンド1、ラウンド2、ラウンド3のアイディアを簡単にまとめて、戻ってきたメンバーに説明してもらいます。（3分）

・ラウンド1の内容は戻ってきたメンバーも知っていますが、このあとのアクティビティのために、整理する意味で説明してもらいます。
・この間に、全員にA4の紙を配ります。

⓬「それでは、今 ホストの人に説明してもらった内容と、ゲストで参加したテーブルで得た内容をもとに、『自分がどのように３Rに取り組むか』、アクションプラン（＝行動計画）を作成してください。アクションプランは今 配った紙に自由に書いてください。どんな形で表現してもいいですよ。7分間です。」と言って、始めてもらいます。（7分）

・次のような形でアクションプランが作成されると考えられます。
　「ごみを使ったアート作品の絵」
　「リサイクルの手順を示した図」
　「生ごみを減らすための工夫リスト」
　「３Rの取組みについての俳句」

⓭ 時間になったら、「はい、時間です。それでは、作成したアクションプランを見せて、グループの人に説明してください。」と言って、グループ内で共有してもらいます。（5分）

・時間に余裕があれば、グループで１つアクションプランを選んで、クラス全体に共有してもらうとよいでしょう。

⓮「はい、お疲れさまでした。今日のアクティビティを通して３Rに少し詳しくなりましたね。
サービス・ラーニングでは、地域貢献の一つとして環境保全の取組みがなされています。そして、皆さんもご存知のように、現在、環境保全の重大課題として、ごみ問題があります。３Rの可能性を認識し、まわりに伝えていくことが、わたしたちにできるいちばんの取組みではないでしょうか。」と言って、締めくくります。

＊振り返り

(1) 以下について考えてみましょう。

　① 〈ラウンド１〉のごみを減らす(Reduce)に関するアイディアのなかで、あなたが取り入れたいと思った方法を挙げてみましょう。

　　_____

　　_____

　　_____

　　_____

　　_____

　② 〈ラウンド２〉の物の再利用(Reuse)に関するアイディアのなかで、あなたが取り入れたいと思った方法を挙げてみましょう。

　　_____

　　_____

　　_____

　　_____

　　_____

　③ 〈ラウンド３〉のごみの再資源化(Recycle)に関するアイディアのなかで、あなたが取り入れたいと思った方法を挙げてみましょう。

　　_____

　　_____

　　_____

　　_____

　　_____

(2) このアクティビティのねらいが達成できたか、以下について確認してみましょう。

① このアクティビティを通して知った3Rについての方法を、このあとどのようなところで、どのような人たちに伝えていきたいと思いますか。

_____

_____

_____

_____

_____

_____

_____

_____

② あなたがこのアクティビティで体験したワールド・カフェの手法は、アイディアを出し合うのに、どのような点がよいと思いますか。

_____

_____

_____

_____

_____

_____

_____

_____

個人の変化、組織の変化

「三人寄れば文殊の知恵」という諺があります。ワールド・カフェで行なう３Ｒについてのこのアクティビティはこの諺を表わしています。問題は、１人で考えるよりもグループで集まって考えると、たくさんの解決策が出てきます。さまざまな方向から課題を考えてみることで、学生たちは新しい考え方や解決法に気づきます。さらにワールド・カフェ方式を取り入れることで、学生は教員からだけでなくお互いから学び合うことができます。

　わたしは現在、気候変動に焦点をあてたサービス・ラーニングの授業を教えています。これは大きな問題なので、この問題に圧倒されている学生もいるようです。わたしの授業では、二酸化炭素排出量を減らすためにひとりひとりができることをブレインストームすることから始めますが、ワールド・カフェのような手法を用いて、気候変動を防止するために日々の生活の中でできることを考えます。公共交通機関を使うこと、ベジタリアンの食事にしてみること、持続可能なエネルギーへ切り替えること、啓蒙活動をすることなどの意見が挙がります。ひとりひとりの行動の変化に焦点をあてることで、学生はすぐに小さな変化を起こすことができると感じます。

　学期末までに、気候変動による危機を解決するには、個人の行動変化だけでは十分ではないことを話し合います。この時点で、組織の変化に視点を移します。気候変動をより大きな規模で食い止めるには、どのような政府の政策が必要になるか尋ねます。次に、個人や組織が協力して、地方や国の政府指導者にはたらきかけ、政策を変えていく方法を探っていきます。このようにすると、個人の変化から組織の変化への道筋がはっきり見えてくるのです。個人の変化と組織の変化を組み合わせることで、環境にとって効果的で持続的な影響を与えることができるのです。

4

違う視点から
物事をとらえる
アクティビティ

| 対象 | こども（ 小学生(高学年)/ 中高生） | おとな（ 学生/ 社会人） |

| 実施人数 2〜100人 | 所要時間 20〜25分 |

実施すると効果的な場合
・活動がうまくいかず、自己否定をしてしまうとき
・メンバー間でのサポート精神を引き出したいとき

① 視点の転換

〜このアクティビティのねらい〜
・弱み(短所)を強み(長所)にとらえなおすことで自己肯定感をもてるようにする
・視点の転換によってスムーズな人間関係を築けるようにする

***ファシリテーター**　1人
***スペース**　1室(全員が入れる大きさ)
***テーブル・机と椅子の配置**
　スクール形式→ペア形式(横並び)→スクール形式

***必要なもの**　A5の紙×人数分

***やり方**

❶ 全員好きな席にすわってもらい、各自に紙を配ります。

❷ 「自分が弱み(短所)だと思うことを紙の左半分に箇条書きにしてください。無理せず書ける範囲でいいですよ。」と指示します。（5分）

・時間は様子を見て調整しましょう。
・苦手なことではなく、性格上の欠点を挙げてもらうようにします。
・次のような内容が挙げられると考えられます。
　「落ちつきがない」
　「こだわりが強すぎる」

「疑心暗鬼に陥りがち」
「人目を気にしすぎる」
「暗い性格」
「細かい」

❸ 時間が来たら、各自の作業をストップして、隣の人とペアになってもらいます。そして、「箇条書きした紙をペアの相手と交換してください。」と指示します。

・受講者数が奇数の場合は、3人組を1つつくります。
・ひやかしたり、批判し合ったりしないよう注意して、全体の様子を見守りましょう。

❹ 「ペアの相手が書いた弱み(短所)を強み(長所)としてとらえた場合、どういうことばになるかを考えて、紙の右半分に書いてください。」と指示します。(5分)

・時間は様子を見て調整しましょう。
・次のような書き換えがされると考えられます。
「落ちつきがない」⇒「好奇心が旺盛である」
「こだわりが強すぎる」⇒「信念が強い」
「疑心暗鬼に陥りがち」⇒「用心深い」
「人目を気にしすぎる」⇒「まわりへの気づかいができる」
「暗い性格」⇒「落ちつきがある」
「細かい」⇒「きちょうめん」
・ここで行なった書き換えは、コミュニケーション心理学でいう「リフレーミング」で、物事を見る枠組み(frame)を変えて、別の枠組みで見直す(re-frame)ことを意味します。

❺ 時間が来たら、各自の作業をストップして、紙をペアの相手に返すよう、指示します。そして、戻ってきた紙の、自分が書いた弱み(短所)とペアの相手が書き換えた強み(長所)を交互に読み上げてもらいます。

・強みとしてリフレーミングされた性格を読み上げたあと、ペアの相手にお礼を言うように促しましょう。きっとなごやかな雰囲気になりますよ。

❻「自分の弱みを書いていたとき、どのような気持ちになりましたか?」と質問します。

・ここからは、ペアではなく、全体で行ないます。
・次のような答えが考えられます。
「2、3個はすらすらと出てきたが、そのあとは、気持ちが重たくなってきた」
「自分には弱みがたくさんあるとつくづく感じた」
「悲しい気持ちになった」
「ふだん、あまり自分について考えたことがなかったと感じた」

❼「では、自分の弱みをペアの相手が強みにリフレーミングしてくれた内容を読み上げてみて、どのような気持ちになりましたか?」と質問します。

・次のような答えが考えられます。
「うれしかった」
「自分の弱みを強みにとらえなおすことで気分が軽くなった」
「自分の弱みだったはずなのに、ほめられているようで不思議な感じがした」
「今度行き詰まったときは、このリフレーミングをやってみたいと思った」
「リフレーミングされても、自分の弱みを克服することはむずかしいと思った」

・同じ物でも視点を変えると全く違う形になることを、10円玉を使って体験してもらうのもよいと思います。

真上から正面を見ると円形なのに
横から側面を見ると細い横棒。

＊振り返り

(1) 以下について考えてみましょう。

① わたしたちの社会では、自分や他人を評価するとき、否定的な評価と肯定的な評価のどちらが多いでしょうか。それはなぜだと思いますか。

_____

_____

_____

_____

_____

② 自己を肯定することで、人とのかかわり方がどのように変わってくると思いますか。また、どのように変えたいと思いますか。

_____

_____

_____

_____

③ 今、自分が住んでいる町や出身地についてリフレーミングしてみましょう。

[弱み]　　　　　　　　　　[強み]

_____　→　_____

_____　→　_____

_____　→　_____

_____　→　_____

_____　→　_____

_____　→　_____

_____　→　_____

(2) このアクティビティのねらいが達成できたか、以下について確認してみましょう。

　① 「弱み(短所)」を「強み(長所)」に書き換えるという視点の転換で、気持ちや行動が変わることを体験してもらいましたが、いつもと同じ枠(＝心の癖)から脱却するためにはどのようなことが必要だと思いますか。

_____

_____

_____

_____

_____

_____

　② 今までの経験を振り返って、視点を転換することで解決できたことや、克服できたことを挙げてみましょう。

_____

_____

_____

_____

_____

_____

_____

強みを活かそう

　「世の中にはたくさんの問題がありますが、いったい自分に何ができるのでしょうか」これは学生からよく投げかけられる質問です。多くの学生はボランティアや地域活動の経験がありません。地域に貢献しようと思っても方法がわからず、無力感や恐怖を感じ、絶望的な気持ちになることさえあるかもしれません。それは、自分の学んだ知識や培ったスキルを教室の外で活かす自信がなかったり、自己肯定感が低かったりするせいかもしれません。

　それでは、教育者として、学生がサービス・ラーニング活動に参加するように促すにはどうすればよいのでしょうか。

　時には、有名な人のことばを引用することが、そのきっかけになることもあります。米国の公民権運動家であるキング牧師は、次のような名言を残しています。「もし偉大な事ができないなら、小さい事を偉大なやり方でやればよいのだ。」

　キング牧師は、それぞれができることをすることで世の中をよくしていこうと呼びかけているのです。これは「強みに基づいた」やり方です。ブレインストーミングやディスカッションのきっかけとなる次のような質問を、小さな子供に対しても使うことがあります。「地域を住みよくするためにあなたができる小さなことは何ですか？」。子供たちは教室で紙のリサイクルを始めることができるかもしれません。高校生には、「地域を住みやすくするためにあなたがしてきた小さな取組みは何ですか？」と尋ねてみるのもいいでしょう。もしかしたら、生徒たちはお年寄りの買い物を手伝ったことがあるかもしれません。

　教育的なポイントは、学生の考えやそれまでの体験を地域社会と結びつけるところです。それぞれの学生に強みがあります。それは芸術や音楽の才能かもしれません。あるいは話しじょうずだったり、計画を立てるのが得意だったり、または、人に安らぎを与える才能かもしれません。

　学生が自分の強みに気がついたら、それを人びとのために使いたいと思うようになるでしょう。そして、この視点の転換によって、学生たちもまた希望を育み、変化を促進するうえで、地域の人たちの強みを知ることができるようになるのです。

対象 こども（ 小学生（高学年）/ 中高生） おとな（ 学生/ 社会人）

実施人数 4〜60人　　　所要時間 20分

実施すると効果的な場合
・今までとは違った活動をする前
・活動中に不安やとまどいを感じたとき

② 利き手じゃないほう

〜このアクティビティのねらい〜
・不慣れや不自由を体験する
・不慣れや不自由によって生じる感情とのつきあい方を探る

*ファシリテーター　1人
*スペース　1室（全員が入れる大きさ）
*テーブル・机と椅子の配置
　島型形式（机あり、3〜5人）またはペア形式（横並び）

*必要なもの
　・ホワイトボード、ホワイトボード用マーカー（事前準備の板書用）
　・A5の紙×人数分

*事前準備
　・このアクティビティで書いてもらう文字（p.129やり方❷に掲載）を大きく板
　　書しておく。

*やり方

❶ 全員好きな席にすわってもらい、各自に紙を配ります。

・ペア形式にするか、グループ形式にするかは、あらかじめ決めておきます。

・初対面どうしで組んでもらうと、仲よくなるきっかけになってよいと思いますよ。

❷ 「これから、ホワイトボードに書かれている文字を利き手でないほうの手で、右から左に書いてもらいます。紙の上半分に書いてください。制限時間は1分です。」と伝え、全員 準備ができたところで、「どうぞ。スタートしてください。」と指示を出します。（3分）

・「右利きの人？」と言って挙手してもらい、「右利きの人は左手でペンを持ってくださいね。」のように、最初に全員の利き手を確認して準備してもらうとよいでしょう。

・事前準備の板書は、短文を全部ひらがなで横書きにします。名前、出身地、朝食に食べたものなど適当な3文を選んで書きましょう。
（※受講者が日本語母語話者だけの場合は、カタカナや漢字を混ぜてもよいと思います。）

板書の例

> ・すでことさしやばこ
> ・すでんしっしんしんけましごか
> んはごりかごまたはさけ
> ・たしまべにを

・作業に苦戦している人を見かけたら、適宜「がんばってください！」と励ましのことばをかけましょう。

❸ 1分経ったら、「はい、書くのをやめてください。」と伝え、ペアまたはグループのメンバーに自分の書いた文字を見せ合ってもらいます。（3分）

・このような感じに書かれているかもしれませんね。

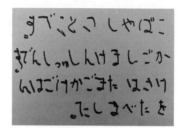

・時間が来るまで、お互いの文字を見せ合いながら、自由に話してもらいます。

❹ 時間になったら、「利き手じゃないほうの手で書いてみて、どうでしたか？」と、数人の受講者に感想を聞きます。（5分）

・次のような感想が出ると考えられます。
「むずかしかった」
「いらいらしてきた」
「もどかしく感じた」
「あせった」
「子供のころ、初めて字の練習を始めたときのことを思い出した」
「時間制限があるのでどきどきした」
「チャレンジすることが楽しかった」
「書くことにすべての意識を集中した」

❺ 「それでは今度は、先ほど書いたのと同じ文字を利き手で、左から右に書いてもらいます。空いている紙の下半分に書いてください。制限時間は1分です。」と伝え、全員 準備ができたところで、「どうぞ。スタートしてください。」と指示を出します。（1分）

❻ 1分経ったら、「はい、書くのをやめてください。」と伝え、「今度は、利き手で書いてみて、どうでしたか？」と、数人の受講者に感想を聞きます。（5分）

・次のような感想が出ると考えられます。
「書くことに意識をおかなくてもすらすらと書けた」
「とても簡単に書けて、爽快な気持ちになった」
「より多くのことを書けて、仕事がはかどると思った」
「いかに利き手にたよっているかを実感した」

【注】このアクティビティは、Stella Ting-Toomey氏とLeeva C. Chung氏によるワークショップを参考に作成しました。

＊振り返り

(1) 以下について考えてみましょう。

① このアクティビティで感じたのと同じ気持ちになったことはありませんか。もしあったら、それはどんな体験だったのか、書き出してみましょう。

_____

_____

_____

_____

_____

② 「不安」や「とまどい」「混乱」といった気持ちは、どのようなときに起こるのだと思いますか。このアクティビティや① で書き出したことなどを参考に、考えてみましょう。

_____

_____

_____

_____

_____

③ 世の中には、あなたがこのアクティビティで感じたような感情を常に抱えている人もいます。それはどういう人だと思いますか。

_____

_____

_____

_____

_____

(2) このアクティビティのねらいが達成できたか、以下について確認してみましょう。

① あなたがこのアクティビティで感じた感情を、活動中にいだくとしたら、それはどういう場面でしょうか。また、そのとき、どうしたらよいでしょうか。

_____

_____

_____

_____

_____

_____

_____

② 不慣れや不自由を楽しむにはどうしたらよいと思いますか。考えつく方法をたくさん挙げてみましょう。

_____

_____

_____

_____

_____

_____

_____

_____

_____

あたりまえ？ 無意識な思い込み

　小学2年生の子供がきちんとはさみを使えないことにいらいらしていた教員―あとでその子が左利きだったために、はさみをうまく使えなかったことに気がつきます。高校1年生を担当する教員が、サービス・ラーニング活動の参加許可書のサインを母親にもらってくるように言ったとき、こっそりと祖母でもいいかと尋ねてきた生徒がいました。彼女の母親は亡くなっていたからです。

　わたしたちの日々の交流は、あたりまえという思い込みの上に成り立っています。つまりわたしたちには皆が同じであるという思い込みがあるのです（たとえば、みんな右利きであるというように）。無意識にあたりまえだと思うことが、みんな同じなのだと自動的に思わせてしまうのです。つまり、みんな同じ民族に属し、同じ宗教を信じ、異性を愛すると思い込んでしまうのです。

　無意識に普通であると思うことは、教育やサービス・ラーニングにおいてどのような意味があるのでしょうか。社会では、権力や特権は「普通である」人たちに与えられます。「普通でない」とされる人たちは、普通に生きるためにたくさんの精神的なエネルギーを使わなければなりません。移民の人たちはレストランで食事が出されないのではないかと、同性愛者は仕事をクビにされるのではないかと、イスラム教徒の学生は友だちができないのではないかと心配になったりします。

　偏見は、意図的に意地悪するだけで起こるものではありません。わたしたちの無意識なあたりまえという思い込みが偏見をまねき、コミュニティに害を及ぼすのです。見た目や恋愛対象、信じる宗教が人と違うと、普通とみなされないのです。

　サービス・ラーニングは特別な教育方法です。学生は、無意識のあたりまえに気づく大切さを知ったうえで、積極的にコミュニティとかかわります。教員は、地域においてコミュニケーションスタイルや非言語がどのような意味をもつのか気づくよう指導する必要があります。違いは等しく価値があると受け止め対話を続けることで、サービス・ラーニングは大きな効果を発揮するのです。

対象 こども （ 中高生） おとな （ 学生/ 社会人）

実施人数 3〜30人　　　**所要時間** 30分

実施すると効果的な場合
・サービス・ラーニング活動を開始する前
・自分と文化背景が大きく異なる人とかかわるとき

③ 観察 vs 解釈

〜このアクティビティのねらい〜
・「観察」と「解釈」の違いを理解する
・純粋に「観察」することのむずかしさを知る

＊**ファシリテーター**　1人
＊**スペース**　1室（全員が入れる大きさ）
＊**テーブル・机と椅子の配置**　スクール形式

＊**必要なもの**
・ホワイトボード、ホワイトボード用マーカー
・文化背景の異なる人物の写真のスライド×2種類
　※日ごろから使えそうな写真やイラストがないか、気に留めておいて、適当なものを集めておく必要があります。すぐにそろえられない場合は、136ページ掲載の図1と図2を使って行なうとよいでしょう。

＊**事前準備**
・図1と図2（または自分で集めた写真）をPowerPointなどで映し出せるようにしておく。

図 1

図 2

＊やり方

❶ 各自好きな席にすわってもらいます。

❷ 受講生の自文化と異なる文化背景の人の写真またはイラストのスライドを見てもらいます。（2分）

・近くの人と意見交換などせず、ただ黙って見てもらいます。

❸ 「これは何の写真でしょうか?」「何が見えますか?」とクラス全体に質問します。（❸と❹で10分）

・挙手制でどんどん答えていってもらいます。

❹ 挙がった答えを「観察」と「解釈」に分けて、ホワイトボードに書いていきます。

・ホワイトボードの左半分に「観察」、右半分に「解釈」に分類されるものを書いていくとよいでしょう。
・図1の例でいうと、「行儀の悪い学生」や「教室でくつろいでいる高校生」は「解釈」、「男の人が脚を机の上に載せている」が「観察」となります。

❺ 答えが出切ったところで、ホワイトボードのまん中に縦線を引いて、2つに分類されているのがわかるようにして、「皆さんの答えを2つに分けて書きましたが、どういうふうに分けたでしょうか?」と質問します。

・何も意見が出てこない場合は、すぐに❻に移ります。

❻ 左半分に書いたものが「観察」で、右半分に書いたものが「解釈」だと種明かしをして、「観察」と「解釈」がどのように違うかを聞いてみます。（5分）

・自由に発言してもらいましょう。

❼ 意見がある程度出たら、「物理的な状態をそのまま述べるのが『観察』で、だれが見ても同じなのに対し、自分の推測や価値判断が追加されているのが『解釈』なので、見る人によって異なる」と正解を発表します。（5分）

・「観察」と「解釈」の区別がピンとこないようなら、ホワイトボードの例を使って説明します。たとえば、「教室でくつろいでいる高校生」という答えについて、「なぜ教室だといえるのか」「なぜ中学生ではないのか」などと聞いてみるとよいでしょう。

❽ 「観察」と「解釈」の違いが理解されたことを確かめたら、もう1枚別のスライドを見てもらい、「何の写真ですか？」の質問に、「観察」か「解釈」かも含めて答えてもらいます。（5分）

・自由に発言してもらいましょう。
・写真を用意できない場合は、図2を使って行ないましょう。

❾ 時間になったら、「はい、お疲れさまでした。なにかものを見るときは、知らないうちに『解釈』が入ってしまって、案外純粋に『観察』するのはむずかしいということがわかったでしょうか。」と言って締めくくります。

【注】このアクティビティは、Celine R. Fitzmaurice 氏によって考案されたものです。

＊振り返り

(1) 以下について考えてみましょう。

　① あなたは、❸で「観察」と「解釈」のどちらが先に浮かびましたか。

　　_____

　② ❹で挙がったものは、「観察」と「解釈」のどちらが多かったでしょうか。
　　それはなぜでしょう。

　　_____

　　_____

　　_____

　③ あなたが、図2について「観察」したことと、「解釈」したことを文章に
　　してみましょう。「解釈」については、できるだけ多くの異なる解釈を挙
　　げるようにしてください。

　　_____

　　_____

　　_____

　　_____

　　_____

　　_____

　　_____

　④ ③で挙げた解釈について、どうして違う解釈になったのか、その理由を
　　考えてみましょう。

　　_____

　　_____

　　_____

(2) このアクティビティのねらいが達成できたか、以下について確認してみましょう。

① サービス・ラーニング活動をする際に、「観察」と「解釈」を区別できなかった場合、どのような問題が起きるでしょうか。

_____

_____

_____

_____

_____

_____

_____

_____

② サービス・ラーニング活動をする際、どうすれば「観察」と「解釈」をじょうずに区別できるでしょうか。

_____

_____

_____

_____

_____

_____

_____

_____

早とちりは禁物

　「観察と解釈」は、サービス・ラーニングコースの授業が始まってすぐの時期に行なうのにとてもよいアクティビティです。このアクティビティを通して、学生は活動でかかわるコミュニティについて自分がいだいているかもしれない思い込みを手放すことを学びます。そうすることで、コミュニティの人たちから素直に学べるようになれるのです。わたしの学生は、このアクティビティをすることでコミュニティパートナーとのかかわり方が変わったとコメントしています。答えをもってCBLに参加するのではなく、質問と好奇心をもって活動に参加するようになったのだと。

　わたしは、海外でサービス・ラーニングの授業をするときに、よくこのアクティビティを使います。出発前にその国の人の写真を見せて、学生に何が見えるのかを尋ねます。たいていの場合、学生は自分の文化的な視点やその国の既存のステレオタイプを通してその写真を解釈します。たとえば、学生から出てくるのは「貧困」や「軍国化」などのことばです。しかし、これらは事実ではなく、写真を見ての解釈です。そこで、自分の目に見えるものだけを報告するように伝えます。すると、「汚れた服を着ている人」「銃を持っている人」というようなことばが出てきます。次に、観察できることと実際に知っていることの違いについて話し合います。汚れた服を着ている人は比較的裕福だけれど、作業着が必要な仕事をしているのかもしれない。銃を持っている人は軍人ではなく猟師なのかもしれない、と。その国でたくさんの時間を過ごして、人と接することでこそ、彼らの経験の真相を知ることができるのです。時間をかけてコミュニティを知ることで、コミュニティパートナーとより強く、より互恵的な関係を築くことができるのです。

対象 こども（中高生）　おとな（学生/社会人）

実施人数 **3〜30人**（1グループは3人）　　所要時間 **45分**

実施すると効果的な場合
・文化背景の異なる人と協働するとき
・意見の対立が起こっているとき
・地域活動に入る前

④ 思い出をシェア

～このアクティビティのねらい～
・物から見えてくる、思い出や体験の多様性を知る
・傾聴の練習をする

＊ファシリテーター　1人
＊スペース　1室（全員が入れる大きさ）
＊テーブル・机と椅子の配置　島型形式（机あり、3人）
＊必要なもの
　・ジッパー付き透明プラスチック袋（16cm×14cmくらいの大きさ）×グループ
　　の数分（「思い出袋」用）
　・「思い出袋」の中身×グループの数分
　※「思い出袋」に入れる以下の10品目×グループの数分が必要になります。
　　　10品目の例：ゴム風船、折り鶴、使用済みの切手、こま、シール、さい
　　　ころ、ヘアピン、おもしろ消しゴム、バッジ、おみくじ　など
　※10品目は、袋に入る大きさで、だれもが使ったことのあるものなら、何
　　でもかまいません。

＊事前準備
　・「思い出袋」用の10品目をジッパー付き透明プラスチック袋に入れておく。

＊やり方

❶ 3人一組になってすわってもらいます。

・3人で組めない場合は、4人で組んでもらいます。
（受講者数が5人のときは5人一組になってもらいます）

❷ 各グループに思い出袋(中に10品目が入っているもの)を配り、「これか
ら、思い出話をしてもらいます。今 配られた思い出袋から中身を出して
ください。」と言います。

❸ 「思い出話をする順番を決めてください。」と言って、グループ内での順
番を決めてもらいます。

❹ 「皆さん、順番は決まりましたか？ それでは、やり方の説明をします。
最初に思い出話をする人が、10品目の中からどれを使って話すかを決め
ます。たとえば、さいころを選んだ場合、＜さいころといえば…＞とい
う語り出しで始めて、即興で1分間話します。ほかの人は、その人が話
している間、質問したり意見を言ったりしないで、黙って聞いていてく
ださい。そういう聞き方を『傾聴』といいます。
最初の人が話し終わったら、同じ品目を使って、2人目の人が1分間話
し、ほかの人は傾聴します。2人目の人が終わったら、3人目の人も同
じ品目で1分間話します。
そのようにして、グループのメンバー全員が話し終わるまでを1ラウン
ドとします。はい、それでは、1ラウンド目を始めてください。」と言っ
て、始めてもらいます。(6分)

・「思い出が浮かばない場合は、その品目を使って何ができるか、など
を話すのでもいいですよ。」と伝えましょう。
・即興で語ることがむずかしくて、滞っているグループがあったら、「さ
いころといえば、お正月のすごろくゲームでいとこたちと遊んで…」
のように、ファシリテーターが見本を示してあげるとよいでしょう。

・語り1分の合図はファシリテーターが出して、聞き役の人たちがしっかり傾聴できるようにします。

❺ 時間になったら、「1ラウンド目は終わりましたか？ それでは、2ラウンド目は、1ラウンド目で2番目に話した人が、使う品目を選んで話し始めます。次に、同じ品目で3番目の人が話して、最後に1番目の人が話します。はい、それでは2ラウンド目、始めてください。」と言って、2ラウンド目を始めてもらいます。（4分）

❻ 時間になったら、「2ラウンド目は終わりましたか？ それでは、3ラウンド目は、1ラウンド目で3番目に話した人が、使う品目を選んで話し始めます。次に、同じ品目で1番目の人が話して、最後に2番目の人が話します。はい、それでは3ラウンド目、始めてください。」と言って、3ラウンド目を始めてもらいます。（4分）

❼ 時間になったら、「3ラウンド目は終わりましたか？ それでは、4ラウンド目は、1ラウンド目で最初に話した人が、使う品目を選んで話し始めます。次に、同じ品目で2番目の人が話して、最後に3番目の人が話します。はい、それでは4ラウンド目、始めてください。」と言って、4ラウンド目を始めてもらいます。（4分）

 ・4人組の場合は、1ラウンド目で4番目に話した人に、使う品目を選んでもらいます。

❽ 時間になったら、「4ラウンド目は終わりましたか？ 次の5ラウンド目が最後です。5ラウンド目は、1ラウンド目で2番目に話した人が、使う品目を選んで話し始めます。次に、同じ品目で3番目の人が話して、最後に1番目の人が話します。はい、それでは最後5ラウンド目、始めてください。」と言って、5ラウンド目を始めてもらいます。（4分）

・5人組の場合は、1ラウンド目で5番目に話した人に、使う品目を選んでもらいます。

❾ 時間になったら、「皆さん、お疲れさまでした。5つの品目について、思い出を共有してもらいました。ほかのメンバーの思い出話を傾聴して気づいたことや感想など、5分間 話し合ってもらいます。そして、どんな意見が出たかを代表者に発表してもらいます。それでは、話し合いを始めてください。」と言って、グループで話し合ってもらいます。（5分）

❿ 5分経ったら、「はい、時間です。それでは、代表者の人、発表してください。」と言って、グループごとに発表してもらいます。（10分）

・次のような感想が出ると考えられます。
「ひとりひとり全く異なるストーリーで、おもしろかった」
「話が浮かばず、前の人と似た話になってしまった」
「自分の話を聞いてもらえてうれしかった」
「新しいアイディアや、楽しみ方を教えてもらえた」
「メンバーのことをより深く知ることができた」

＊振り返り

(1) 以下について考えてみましょう。

① 思い出話を聞く前とあとで、グループのメンバーの印象が変わりましたか。変わった場合は、どのように変わりましたか。

_____

_____

_____

_____

_____

② いっしょに活動する仲間の思い出や体験を聞くことは、どのような点で大切だと思いますか。

_____

_____

_____

_____

_____

③ いっしょに活動する仲間に自分の語りを聞いてもらうことは、どのような点で大切だと思いますか。

_____

_____

_____

_____

_____

(2)このアクティビティのねらいが達成できたか、以下について確認してみましょう。

①グループのメンバーの同じ品目についての思い出や体験を聞いて気づいた、自分の体験との相違点について挙げてみましょう。

_____

_____

_____

_____

_____

_____

②いろんな角度から人や物を見ることで、あなたがこれからかかわる活動はどのように変わると思いますか。

_____

_____

_____

_____

_____

_____

_____

真実を語り、真実を聞く

　わたしたちは日々の生活において、人生を意義深く目標のあるものにするために次のようなことをします。カレンダーを見て大好きなおばあちゃんの誕生日を思い出したり、本を手に取ってお気に入りだった先生のことに思いを馳せたり。特別な料理が新年のお祝いを思い出させることもあるでしょう。なんでもないものが、強く心に残った思い出や感情を呼び起こすことがあるのです。しかし残念ながら、思い出や感情は必ずしも楽しいものばかりではありません。わたしたちの祖母は移民だったために、隣人から冷たくあしらわれたかもしれませんし、わたしたちの先生は、本当は医者になりたかったのに女性だからということで家族に反対されたのかもしれません。新年のお祝いの時期には、寒さに震えるホームレスの人に気づいたりしたことがあるでしょう。

　同様に、地域の課題を知ることは、興味深いことですが、心が乱されることもあるでしょう。しかし、体験を語ること、つまりわたしたちが真実を語り、ほかの人の真実に耳を傾けることで、共感力や心の知能指数が育まれていくのです。

　米国で長年続けられている「真実を語る集まり」の活動は、植民地化に伴う不正な行為、人種的不平等、ジェンダーや宗教的弾圧に向き合うための有効な方法として使われてきました。この活動では小グループに分かれて、名言や、歴史的意味のある品物、できごとを伝えるための写真や、個人の持ち物などの思いを呼び起こす品を使って、人生体験を分かち合い、ほかの人に起こった真実に耳を傾け、不正を正していくための方法について考えます。

　ほとんどの教員がカウンセラーの訓練を受けていないでしょうから、学生から個人的な経験や感情を引き出す際は気をつけなければなりません。しかし、助けになりたい、よい変化をもたらしたいという気持ちは、感情に突き動かされます。

　わたしたちは変化を生み出す際に十分な気づかいをしているでしょうか。貢献は変化をもたらすことができると感じていますか。自分の思いやりを行動に移すことができるでしょうか？自分と他人の真実を結びつけることで、地域を変えていこうという、感情的に教育的に関与する道筋が生まれるのです。

148

5

活動の学びを確認し、
評価をする
アクティビティ

対象 こども（ 小学生(高学年)/ 中高生） おとな（ 学生/ 社会人）

実施人数 2〜30 人 | **所要時間** 30 分

実施すると効果的な場合
・サービス・ラーニング活動を行なったすぐあと
・1 つのサービス・ラーニングの活動期間が終わったとき

① バラ、トゲ、ツボミ

〜このアクティビティのねらい〜
・活動での成功と失敗を整理して、冷静に分析する
・今後の活動の課題を明らかにする

＊**ファシリテーター** 1 人
＊**スペース** 1 室(全員が入れる大きさ)
＊**テーブル・机と椅子の配置** スクール形式
＊**必要なもの** 「記入用シート」×人数分
＊**事前準備**
・「記入用シート」(p.153 に掲載)を人数分、A 4 に拡大コピーしておく。

＊**やり方**

❶ 全員好きな席にすわってもらい、各自に「記入用シート」を配ります。

❷ 「これから、シートのいちばん上の「わたしの振り返り」の 3 つの欄の記入をしてもらいます。今日の活動を思い出して、バラの欄には今日の活動でうまくいったことを、トゲの欄にはうまくいかなかったことを、ツボミの欄には次回試してみようと思っていることを書いてください。時間は 10 分です。では始めてください。」と言って、各自記入してもらいます。(10 分)

- 「バラ」には、うまくいったことのほか、活動していてよかったことや楽しかったこと、盛り上がったことなどを書きます。「トゲ」には、うまくいかなかったことのほか、ストレスになったことや、むだなのでやめようと思ったこと、自分（たち）だけではできずほかの人のサポートが必要だったことなどを書きます。「ツボミ」には、これからやってみたいことや、もっと知りたいと思うことなどを書きます。
- 3つの欄すべてが埋まらなくてもかまいません。書けるところだけ書いてもらいましょう。
- 1つのサービス・ラーニング活動の全期間が終わったタイミングで振り返る場合は、「今日の」を「今までの」に置き換えて指示を出してください。

❸ 時間になったら、「はい、時間です。それでは、いったん回収しますので、前に回してください。」と言って、記入したシートを集めます。

❹ 集まったシートをランダムに配ります。

- 自分のシートが配られた場合は、隣の人と交換してもらいます。

❺ 配られたシートの「わたしの振り返り」に書かれている内容へのコメントをまん中の「コメント1」の3つの欄（バラ、トゲ、ツボミ）に自由に記入してもらいます。（5分）

- いっしょに同じ活動をしていたメンバーなら、そのメンバーが気づかなかったことがあれば指摘してあげましょう。また、いっしょに活動したメンバーでない場合は、書かれたことへの感想や提案を書くとよいでしょう。

❻ 時間になったら、「はい、時間です。それでは、また回収しますので、前に回してください。」と言って、シートを集めます。

❼ 集まったシートをランダムに配ります。

・自分のシートや先ほどと同じシートが配られた場合は、隣の人と交換してもらいます。

❽ 配られたシートの「わたしの振り返り」に書かれている内容へのコメントを「コメント2」の3つの欄(バラ、トゲ、ツボミ)に自由に記入してもらいます。(5分)

❾ 集まったシートは、最初に「わたしの振り返り」を書いた受講者に返却します。

・❶で配る前に、あらかじめシートに番号を振っておき、配られたら受講者に自分の番号を覚えてもらうと、スムーズに返却できるでしょう。

❿ 書かれた2人のコメントを読んで、気づいたことなどがあれば、いちばん下の3つの欄に記入してもらいます。(5分)

・時間の余裕がなければ、❿は授業後の課題にしてもよいと思います。

【注】このアクティビティは、Jennifer A. Alkezweeny氏によって考案されたものです。

記入用シート

	バラ うまくいったこと	トゲ うまくいかなかったこと	ツボミ 次回試したいこと
わたしの 振り返り			
コメント1			
コメント2			

＊振り返り

(1) 以下について考えてみましょう。

① あなたが書いた「バラ」についてのほかの人のコメントを見て、どう思いましたか。

_____

_____

_____

_____

② あなたが書いた「トゲ」についてのほかの人のコメントを見て、どう思いましたか。

_____

_____

_____

_____

③ あなたが書いた「ツボミ」についてのほかの人のコメントを見て、どう思いましたか。

_____

_____

_____

_____

④ ほかの人の「バラ」「トゲ」「ツボミ」の振り返りを見て、どう思いましたか。

_____

_____

_____

_____

(2) このアクティビティのねらいが達成できたか、以下について確認してみましょう。

① あなたが活動で「バラ」を咲かせられたのは、なぜだと思いますか。スキル、知識、行動の3つの観点から分析してみましょう。

_____

_____

_____

_____

_____

_____

_____

_____

_____

② あなたの活動で「トゲ」が生じたのは、なぜだと思いますか。スキル、知識、行動の3つの観点から分析してみましょう。

_____

_____

_____

_____

_____

_____

_____

_____

_____

授業を超えて考えよう

　体験を振り返ることが、サービス・ラーニングでの学び方です。時には困難だったことばかりが目について行き詰まってしまうこともあるでしょう。また、うまくいったことしか覚えていないこともあるでしょう。このアクティビティの利点は、学生がさまざまな視点から体験について考えることを促してくれることです。このアクティビティでは、活動を通して「どのように成長したか」（バラ）、「ひっかかっていること」（トゲ）、「まだ実行には移せていないアイディア」（ツボミ）を共有できます。

　活動日誌を書くときに、自分でこのアクティビティをすると言っている学生がいます。それはきっと、このアクティビティが体験の全体像を把握するのに役立ち、困難に直面してもバラやツボミといった希望があることを思い出させてくるからでしょう。

　コミュニティパートナーがクラスの振り返りに出席できない場合は、学生が語ったバラの花の部分をすべて書き出して渡すようにしています。学生が楽しんだことを聞けるのは、きっと彼らにとってもとてもうれしいことだからです。市民参画入門コースの授業で、学生から出てきた感想をいくつか紹介します。以下は小学生にフィールドトリップの機会を提供したり、地域の食料貯蔵庫に食料を寄付する農場で活動をした学生の感想です。「自分が子供の時にもこのようなプログラムがあったらよかったのにと思いました。子供たちが環境について学ぶのを手助けできて本当によかったです。」「農場での手伝いはわたしの1週間の中で最もよかったできごとでした。」

　わたしはコミュニティパートナーが今後の活動を計画するときに役立つように、学生が共有してくれた「トゲ」の部分も伝えるようにしています。そうすることによって、次回の活動をよりよいものにするには何をしたらよいか考える際の参考になるからです。

対象 こども（ 小学生(高学年)/ 中高生） おとな（ 学生/ 社会人）

実施人数 3〜30 人 | **所要時間** 30 分

実施すると効果的な場合
・サービス・ラーニング活動を行なったあと
・いっしょに活動しているメンバーとかみ合わなくなってしまったとき

② イメージを選ぼう

〜このアクティビティのねらい〜
・自分が行なった活動について、イメージとしておおまかに振り返る
・いっしょに活動しているメンバーの活動に対する考え方をざっくりと把握する

＊**ファシリテーター**　1人
＊**スペース**　1室(全員が入れる大きさ)
＊**テーブル・机と椅子の配置**　スクール形式
　※部屋の前方に、受講者がすわる席とは別に、大きめのテーブルを2〜3台並べておく。

＊**必要なもの**　雑誌の切り抜き写真×人数分＋α

＊**事前準備**
　・雑誌から「動物」「自然」「人物」「街」「抽象画」などの写真を切り抜いたものを、人数分以上用意する。
　　※写真はカラフルなもの、人物の場合はいろいろな解釈ができる表情のものを選ぶようにする。

＊やり方

❶ 部屋の前方にある大きなテーブルに、雑誌の切り抜き写真をランダムに並べます。

・1つのテーブルに並べる写真は10人分以内がよいでしょう。人数に応じてテーブルの数を調整しましょう。
・大きなテーブルが用意できない場合は、小さいテーブルをくっつけるなど工夫しましょう。

❷ 「あなたが行なったサービス・ラーニング活動のイメージを表わす写真を1枚選んでください。」と指示します。（5分）

・写真選びに迷っているようなら、「活動場所を訪れたときの気持ちを表わしている写真はどれですか？」「活動先で出会った人を思い出させる写真はどれですか？」「活動で学んだことを表わしている写真はどれですか？」というようなヒントを出してみましょう。

❸ 「写真を選んだら、ペアになってすわってください。」と伝えます。

・受講者数が奇数の場合は、3人組を1つつくります。

❹ ペアの相手に写真を見せながら、その写真を選んだ理由を話してもらいます。（5分）

・もし、どのように説明したらよいか困っているようなら、「わたしはこの花束の写真を選びました。花は1本でも美しいのですが、何本も集まるともっと美しくなります。それは、みんなで協力すると、活動の結果がよりすばらしくなるのと似ているなと思ったからです。」のように、例を示してあげるとよいでしょう。
・時間の余裕があれば、ペアの相手の説明を聞いたあとで、質問をしたり、感想を述べたりしてもらいます。

❺ 時間になったら、「ペアの人の説明で印象的だったものがあったら、ぜひみんなに紹介してあげてください。」と言って、何人かに発表してもらいます。（5分）

 ・発表する人は、ペアの相手から写真を借りて、それを全体に見せながら説明してもらいます。

❻ 時間になったら、「はい、お疲れさまでした。それでは、今 使った写真を前のテーブルに戻してください。そして、あなたのサービス・ラーニング活動のイメージを表わす写真をもう 1 枚選んで持ち帰ってください。」と言って終了します。（5分）

 ・ほかの受講者に先に選ばれてしまったために、選びたい写真を選べなかった受講者がいるかもしれません。また、ほかの受講者の説明を聞いて、違う観点から写真を選びたくなった受講者もいるかもしれません。そのような場合に、次ページ以降の振り返りで対応してもらうとよいと思います。

【注】 このアクティビティは Jennifer A. Alkezweeny 氏によって考案されたものです。

＊振り返り

(1) 以下について考えてみましょう。

① あなたはどのような写真を選んで、❹でどのような説明をしましたか。
文章で説明してみましょう。

＿＿＿＿＿＿＿＿＿＿＿＿＿＿＿＿＿＿＿＿＿＿＿＿＿＿＿＿＿

＿＿＿＿＿＿＿＿＿＿＿＿＿＿＿＿＿＿＿＿＿＿＿＿＿＿＿＿＿

＿＿＿＿＿＿＿＿＿＿＿＿＿＿＿＿＿＿＿＿＿＿＿＿＿＿＿＿＿

＿＿＿＿＿＿＿＿＿＿＿＿＿＿＿＿＿＿＿＿＿＿＿＿＿＿＿＿＿

② ペアの相手は、❹でどのような写真でどのような説明をしましたか。思
い出して文章にしてみましょう。

＿＿＿＿＿＿＿＿＿＿＿＿＿＿＿＿＿＿＿＿＿＿＿＿＿＿＿＿＿

＿＿＿＿＿＿＿＿＿＿＿＿＿＿＿＿＿＿＿＿＿＿＿＿＿＿＿＿＿

＿＿＿＿＿＿＿＿＿＿＿＿＿＿＿＿＿＿＿＿＿＿＿＿＿＿＿＿＿

＿＿＿＿＿＿＿＿＿＿＿＿＿＿＿＿＿＿＿＿＿＿＿＿＿＿＿＿＿

③ ❺の発表で、印象に残ったものはありましたか。それは、どのような写
真でどのような説明でしたか。

＿＿＿＿＿＿＿＿＿＿＿＿＿＿＿＿＿＿＿＿＿＿＿＿＿＿＿＿＿

＿＿＿＿＿＿＿＿＿＿＿＿＿＿＿＿＿＿＿＿＿＿＿＿＿＿＿＿＿

＿＿＿＿＿＿＿＿＿＿＿＿＿＿＿＿＿＿＿＿＿＿＿＿＿＿＿＿＿

＿＿＿＿＿＿＿＿＿＿＿＿＿＿＿＿＿＿＿＿＿＿＿＿＿＿＿＿＿

④ ほかの受講者の説明を聞いて、活動中自分に欠けていたことなど気づい
たことがあれば、書き出してみましょう。

＿＿＿＿＿＿＿＿＿＿＿＿＿＿＿＿＿＿＿＿＿＿＿＿＿＿＿＿＿

＿＿＿＿＿＿＿＿＿＿＿＿＿＿＿＿＿＿＿＿＿＿＿＿＿＿＿＿＿

＿＿＿＿＿＿＿＿＿＿＿＿＿＿＿＿＿＿＿＿＿＿＿＿＿＿＿＿＿

＿＿＿＿＿＿＿＿＿＿＿＿＿＿＿＿＿＿＿＿＿＿＿＿＿＿＿＿＿

(2) このアクティビティのねらいが達成できたか、以下について確認してみましょう。

① ❻で持ち帰ってきた写真を使って、あなたの活動についてのイメージを説明してみましょう。

_____

_____

_____

_____

_____

_____

_____

_____

② ❹で行なった説明と、今②で行なった説明はどのように違いますか。気づいたことを書き出してみましょう。

_____

_____

_____

_____

_____

_____

_____

_____

絵にしてみよう

「一枚の絵は一千語に匹敵する」という諺があります。これは「イメージを選ぼう」のアクティビティにもあてはまると思います。学生がサービス・ラーニング活動をイメージ（写真）に関連づけることで、その振り返りはより詳細になり、より深く理解できるようになります。このアクティビティでわたしが最も気に入っているところは、学生にサービス・ラーニングの体験について考えを深めるのを促している点です。コミュニティパートナーとの1日がどうだったかについて「楽しかった」という単純な答えではなく、イメージを選ぶと、突然、答えの中にもっと詳細な描写が出てくるのです。

学生たちに自分の体験を真剣に振り返ってもらいたいときは、体験に関するイメージを最初に書き留めておくように伝えます。時には、まっ先に頭に浮かんだことをぱっと言ってもらうこともあります。

1つ例を挙げましょう。地方の小学校で算数を教えた学生が、川の写真を見たときにこのようなことを言いました。「最初この写真を見た時、川が荒れているように見えたんです。この活動がどんなものになるか見当もつかなかったから。わたしには兄弟がいないので、子供たちとかかわるのは新鮮でした。コミュニティパートナーといっしょに活動を始めてみると、川の流れは穏やかで航行しやすいことに気づきました。」

このアクティビティの別の活用方法として、学期の初めに行なって、選んだイメージをノートに記録しておいて、その学期の間、そのイメージを見返して新たな意味づけを書き留めるようにするという方法もあります。学期を通してどのように解釈が変容していくのかを観察するのは、学生本人にとっても、教員にとっても興味深いものです。

対象　こども　（ 高校生）　おとな　（ 学生/ 社会人）

実施人数　4〜32 人 （1グループは4人）　　所要時間　65 分

実施すると効果的な場合
・活動を時系列で振り返りたいとき
・受講者間で体験を共有したいとき

③ わたしの通ってきた道

〜このアクティビティのねらい〜
・活動中の体験と気持ちの変化を客観視する
・「カルチャーショック」を理解する

＊ファシリテーター　1人
＊スペース　1室（全員が入れる大きさ）
＊テーブル・机と椅子の配置　島型形式（机あり、4人）

＊必要なもの
　・「カルチャーショックとは？」シート×人数分
　・「気持ちの浮き沈み」シート×人数分
　・カラーペン（数色）のセット×グループの数分
　　（※グループの数が多い場合や共用したくない場合は、受講者自身の筆記具
　　でよい）

＊事前準備
　・「カルチャーショックとは？」シート（p.164に掲載）を人数分コピーしておく。
　・「気持ちの浮き沈み」シート（p.167に掲載）を人数分、B4に拡大コピーして
　　おく。

＊やり方

❶ 4人一組になってすわってもらいます。

・4人で組めない場合は、3人または5人で組んでもらいます。
・できれば、同じ活動をした人たちで組んでもらいましょう。

❷ 「これから配る紙をよく読んで、内容を理解してください。」と言って、「カルチャーショックとは？」シートを各自に配ります。（5分）

「カルチャーショックとは？」シート

カルチャーショックとは？

　習慣や価値観など文化の違いをまのあたりにして驚いたときに、わたしたちはよく「カルチャーショック」ということばを使いますが、それはただ単に目で見たものに対して驚く〈**カルチャーサプライズ**(cultural surprise)〉です。

　そして、文化の違いで、驚きを通り越して、ストレスを感じるようになると〈**カルチャーストレス**(cultural stress)〉という段階になります。

　さらに、腹痛や熱、うつなど心身への兆候が現われると〈**カルチャーショック**(culture shock)〉ということになります(Oberg 1960)。

　ちなみに、引っ越しや転職、離婚、死別など人生における変化によるショックはトランジションショック(transition shock)と呼ばれています(Bennett 1998)。

・文化には民族文化、性文化、組織文化などさまざまな文化があって、ジェネレーションギャップといわれるものは世代文化だということを説明してもよいかもしれません。

❸ 今読んだ内容を踏まえて、以下の3点について、グループ内で共有してもらいます。（7分）
　1. 活動中に驚いたこと〈カルチャーサプライズ〉
　2. 活動中にいらいらしたこと〈カルチャーストレス〉
　2. 活動中に体調不良になったかどうかとその原因〈カルチャーショック〉

・以上についての体験を共有することで、カルチャーサプライズ、カルチャーストレス、カルチャーショックの違いをしっかりと確認できます。
・次のような答えが出ると考えられます。
　カルチャーサプライズ：活動先の村での歓迎があまりにも盛大で驚いた。
　カルチャーストレス：活動先の人たちと意見が合わず、いらいらすることが増えた。
　カルチャーショック：活動先の人たちと顔を合わせることがストレスで胃炎になり、外出がつらくなって活動にも参加できなくなってしまった。

❹ 時間が来たら、「はい、終了です。では次に、今回のサービス・ラーニング活動を振り返って、活動中の気持ちの浮き沈みをグラフに描いてもらいます。」と言って、各自に「気持ちの浮き沈み」シートを1枚ずつ、カラーペンのセットをグループに1つ配ります。

❺ 全員に材料が行き渡ったら、「それでは、グラフの描き方を説明します。まず、いちばん上に自分がかかわった活動名を書いてください。次に、横軸の目盛りに時間の単位（1週間、2週間など）を記入してください。左端が活動開始時、右端が活動終了時です。そして、まん中にある点線が普通の状態になるようにして、活動中の気持ちがどのように変化したか、気持ちの浮き沈みを線で描いてください。線を描き終えたら、山（＝絶好調）と谷（＝不調）の部分で、どのようなことがあったのかを絵にしてみてください。絵が描けない人は「〈山〉目標達成！」「〈谷〉寝込んだ」といった文字でもかまいません。それでは始めてください。」と言って、グラフを描いてもらいます。（10分）

・グラフや絵をどのように描いたらよいかの参考に、ファシリテーターが描いたものを例として見せて説明するとイメージしやすくなるかもしれません。
・グラフや絵はカラーペンでなく、自分の筆記具で描いてもよいこと、そして絵は無理に描かなくてもよいことを伝えましょう。最初から絵を描かないことにすれば、時間の短縮にもなります。

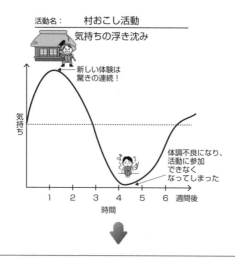

活動名： 村おこし活動

気持ちの浮き沈み

新しい体験は
驚きの連続！

気持ち

体調不良になり、
活動に参加
できなく
なってしまった

1　2　3　4　5　6　週間後
時間

❻ 時間が来たら、「そろそろ時間です。きりのよいところで作業を止めてください。」と言って、描くのをやめてもらいます。

❼ 「それでは、今 描いたグラフ（と絵）を見せながら、山（＝絶好調）と谷（＝不調）でのできごとを中心に、どんな活動だったかをグラフを追いながら1人5分で語ってもらいます。語りが終わったら、ほかのメンバーは語った人に質問をしてください。質問時間は3分です。これをメンバー全員が行ないます。では、最初の人、始めてください。」と言って、語りを始めてもらいます。（35分）

・語り5分、質問3分の合図はファシリテーターが出して、聞き役の人たちはしっかり集中して聞いてもらえるようにします。
・「山と谷のできごとをドラマチックに語ると盛り上がりますよ。」と言って、ファシリテーターみずから実践してみせるのもよいでしょう。

❽ 全員の語りと質問が終わったら、「お疲れさまでした。皆さんに、活動での山（＝絶好調）と谷（＝不調）を振り返ってもらいました。いかがでしたか？ 活動中はいろんなことがあったと思いますが、ポジティブな経験も

ネガティブな経験もこれからの人生の糧にしてもらえるといいなと思います。」などと言って締めくくります。（3分）

・グループのメンバーにお礼を言って解散するよう伝えます。

「気持ちの浮き沈み」シート

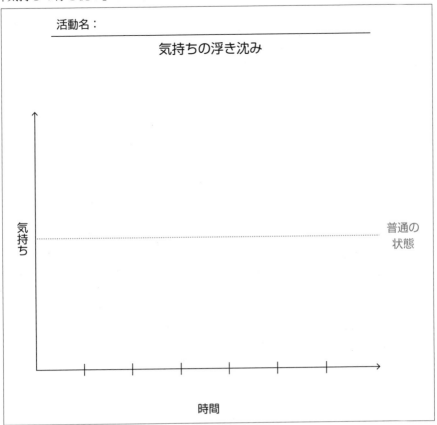

＊振り返り

(1)以下について考えてみましょう。

① このアクティビティでは、活動中の気持ちの変化をグラフにして、「山(＝絶好調)」と「谷(＝不調)」にスポットを当てて見ました。どんな感じでしたか。感想を書き出してみましょう。

_____

_____

_____

_____

_____

② あなたは「谷」からどのようにして気持ちを立て直しましたか。

_____

_____

_____

_____

_____

③ あなたが「谷」に落ちたときに、まわりの人たちのサポートはありましたか。それは、どんなサポートでしたか。

_____

_____

_____

_____

_____

(2) このアクティビティのねらいが達成できたか、以下について確認してみましょう。

① 活動中の体験と気持ちの変化を客観的に見ることで気づいたことを書き出してみましょう。

_____

_____

_____

_____

_____

_____

_____

② 今後、いっしょに活動している人が「カルチャーショック」を受けたとき、あなたはどうしようと思いますか。

_____

_____

_____

_____

_____

_____

_____

_____

\セリーンのコラム/

活動で国境を超える

　わたしたちは「カルチャーショック」と聞くと海外旅行を思い浮かべますが、実のところ、「カルチャーショック」は自分たちと異なる集団とかかわったときにも起こります。学生たちはサービス・ラーニングの活動中に、あまりなじみのない地域の人たちと顔を合わせることがあります。その地域の人が異なる言語を話していたり、階級や政治的見解が違っていたり、住んでいる場所が都市か地方かなどによっても分断を感じてしまうのです。

　わたしは長年、移民問題を扱った授業で、学生をアメリカとメキシコの国境付近に連れて行く活動をしていました。国境付近の街に着いてしばらくは、学生たちは見たこともない料理や、異なる言語や、親切な現地の人たちに触れてわくわくしています。しかし、数日が過ぎると、何人かの学生が、お気に入りのコーヒーや、寝ごこちのよいベッドが恋しくなります。そして、1日中慣れないことばを聞きつづけてぐったりする学生が現われ、最後には、慣れない料理を食べつづけておなかをこわす学生が1人2人出てきます。現地に行く前には必ず、カルチャーショックの段階について講義をするのですが、現地滞在中にも、カルチャーショックについてしばしば振り返ることが大切です。そうすることで、学生自身が今、どの段階にいるのかを見極めて、時には自分の経験も笑い飛ばせるようになるからです。

　「わたしの通ってきた道」のアクティビティは、サービス・ラーニング活動後の振り返りとして行なうだけでなく、活動前にその1例を紹介することで、学生は自分たちとは異なる地域の人たちと活動をするときに起こるであろう感情に向き合い、受け入れる準備ができます。地域の人たちに対して否定的な感情をいだくのではなく、異なる見方に出会えてよかったと思えるようになるのです。

サービス・ラーニング活動前確認事項

　活動前に確認しておくこと、知っておくべき情報、自分自身の心構え、そして活動中の学びの視点を明確にするために、以下の各欄に各自で記入し、次にいっしょに活動するグループメンバーと共有し、提出期限までに、担当教員に提出してください。活動後の振り返りや、レポート作成に役立つ情報となります。

提出期限：　　　年　　　月　　　日

① | 学部　　　学年　　氏名：　　　　　　　Emailアドレス：
　 | （学年）　（組）　　　　　　　　　　　電話番号：

② いっしょに活動するグループメンバーの名前と連絡方法（緊急連絡先）

③ 活動先の組織名：

④ 活動先の責任者名：

⑤ 活動先住所：

⑥ 連絡方法（緊急連絡先）：

⑦ 活動期間：　　　　　　月　　　日（　）　　　〜　　　　月　　　日（　）

⑧ ボランティア保険への加入は済んだか：　（　はい　　　いいえ　）いずれかに○

⑨ 活動内容：

⑩ 活動先で期待されていることは何でしょうか？

⑪ 活動にふさわしい服装や、必要な持ち物は？

⑫ 活動先でのマナーとして気をつけたい点は？（ことばづかいや時間厳守、緊急連絡、報告・連絡・相談、写真の無断撮影禁止など個人情報の取り扱い、など）

　以下は、活動に臨む前の心構えとしてだけでなく、活動後のレポート作成のために、記入しておきましょう。

⑬ なぜ、この活動先を選んだのか？

⑭ 活動中はどのような姿勢で臨みたいか？

⑮ 活動先で起こりうる問題として事前に予測できることは何か？

⑯ この施設を利用するのはどのような人たちだろうか？

⑰ この施設を利用する人たちのニーズや抱えている問題とは？

⑱ 失敗から学ぶために、どのような心構えが必要だと思うか？

⑲ この活動は自分の将来にとって、どのようなところで役立つと思われるか？

記入のヒント

　表の右上の提出期限は、先生に指定された日付を記入しましょう。

① 中学校・高校の場合は、学年と組を記入しましょう。可能なら、Emailアドレスと電話番号の両方を記入しましょう。電話番号は、持っていれば携帯電話の番号を記入しましょう。緊急時の連絡に便利です。

② 連絡方法（緊急連絡先）は、携帯電話の番号とSNSなどがよいでしょう。たとえばLineなどでグループを作成しておくと、グループメンバー全員に一斉に連絡できて便利です。

③ 活動先の組織名には、活動でかかわるNPO、NGO、公益法人、一般法人（企業）、協同組合などの名称を記入します。組織の名称だけでなく、どういった経緯で設立されたのか、自分が活動でかかわる部署の概要などを調べておくと、⑯⑰を記入する際に役に立つかもしれません。

④ 活動先でお世話になる担当者の名前を記入しましょう。

⑤ 活動先の組織名の住所を記入します。実際に活動する現場が、活動先とは違う場合は、活動場所の住所も記入しておくとよいでしょう。

⑥ 活動先でお世話になる担当者の方と連絡をとる場合の連絡先を記入します。電話（携帯／固定電話）、Email、FAXなど、連絡する内容によって連絡方法を変えたほうがよい場合もあるので、確認しましょう。

⑦ 活動する期間の日にちだけでなく、活動する時間帯や頻度なども確認しておきましょう。

⑧ ボランティア保険は、ぜひ加入しておきましょう。活動中にけがをした場合の治療や、過失で何かをこわしてしまった場合の損害補償などの心配が少なくなります。ボランティア保険は、学校が加入してくれる場合が多いようですが、個人またはグループで加入した場合は、保険会社名、保険の名称、登録番号などの情報がすぐわかるようにしておきましょう。

　また、レンタカーなどを使用する活動の場合は、自動車保険への加入も必要になる場合があります。

⑨ 活動先で、自分たちが具体的にどのようなことを行なうのかをできるだけ細かく書きましょう。

⑩ 自分たちの役割を把握することは大切です。これがわかっていると、活動に入ったときに、自分が何をしたらよいのかがしっかりとわかって、効率よく動けるようになります。活動に活かせそうな特技（語学など）についても整理しておくと役に立つことがあるかもしれません。

⑪ 肉体労働を伴う活動では、動きやすい服装でないと、効率が悪いだけでなく、

けがのおそれもあります。また、虫の多い場所での活動では、肌の露出が少ない服装が望ましい場合もありますし、病院などでの施設では、香水などにおいの強いものを身につけないようにするなどの配慮が必要な場合もあります。

持ち物は、どんなものを用意したらよいのか、自分たちではわからない場合も多いと思うので、活動先を初回訪問した際に、確認するとよいでしょう。

⑫ 決められた時間を守ること、何か起きたときにはちゃんと連絡をすること、などはどこでどのような活動をする場合にも共通することですが、活動先によって注意すべきことが違う場合もあります。初回訪問時に質問して把握しておきましょう。ことばづかいについては、第2部のアクティビティを参考に考えてみましょう。

⑬ 活動先を選ぶ理由にはいろいろあると思いますが、自分の知識やスキルはどういうことかを見つめ直してみるとよいでしょう。

⑭⑮⑱⑲の記入については、第2部のアクティビティを参考に考えてみましょう。

⑯ 活動によって「この施設を利用する」は、「この地域の」「この学校の」などに入れ替えて記入してください。年齢層、住んでいる場所などのほか、特徴を記入しましょう。活動先を初回訪問した際に、担当の方に伺うのもよいと思います。

⑰ 活動によって「この施設を利用する」は、「この地域の」「この学校の」などに入れ替えて記入してください。自分たちではわからない場合が多いと思うので、これについても活動先を初回訪問した際に、担当の方に伺うとよいでしょう。

サービス・ラーニング活動振り返り日誌

　この日誌は、外的観察(実際に起きたことや状態について、そのままを述べる)と内省(自分の心の動きを客観的に分析する)に基づいて作成します。最終レポートを作成する際の貴重なデータとなるので、気づいたことを細かく書き留めておきましょう。

① 　　　　学部　　　学年　　氏名：
　　　　(学年)　　(組)

② 活動名：　　　　　　　　　　　　　　　　活動先：

③ 1. 活動先でのできごと、自分や協働した人たちの発言や行動を記述しましょう。

④ 2. 1の体験に対する自分の解釈(意味づけ)について記述しましょう。

⑤ 3. 2によって、あなたの心や体はどのような反応をしたかについて記述しましょう。

⑥ 4. 振り返りを共有する人を1人選んで、自分の解釈や反応と異なる点を挙げてみましょう。

⑦ 5. 4で比較したことで、気づいたことを挙げてみましょう。

記入のヒント

　その日の活動が終わったらすぐ、記憶が薄れないうちに書くようにしましょう。活動内容や活動時間の長さによっては、記入欄が足りなくなるかもしれません。その場合は、表に挙げられた項目について書かれていれば、自分の書きやすい書式で書くのでかまいません。

① 中学校・高校の場合は、学年と組を記入しましょう。

② 活動名には、どういう問題を解決するために活動を行なったのか、活動のテーマを記入します。活動先は、活動を行なった場所や施設などの名前を記入します。具体的に活動を行なった場所と、そこでの活動を手配してくれた組織が異なる場合は、手配してくれた組織名を（　）で添えておくとよいでしょう。活動名の例としては「駅前の清掃活動」「公園に花を植えよう」「こども食堂でお弁当をつくる」「おじいちゃん・おばあちゃんと話そう」などで、それぞれ活動場所は「○○駅前」「△△公園（◎◎区役所◇◇課）」「□□こども食堂」「老人ホーム☆☆」などとなります。

③ ４Ｗ１Ｈ（いつ(when)、どこで(where)、だれが(who)、なにを(what)、どのように(how)したか）を意識して書きましょう。ここでは、自分の解釈を入れずに観察だけを書きます。時系列に（＝起こった順に）思い出しながら書くと、記入漏れを防げるでしょう。解釈と観察の違いについては、第２部の「観察 vs 解釈」のアクティビティを参考にしてください。

④ １で書き出したことについて、あなたが推測したことや価値判断などを付け加えて書きます。たとえば、１で「活動先の責任者のＡさんが、いっしょに活動しているＢさんに大きな声で『そんなことをしてはいけないよ』と言った」と書いた場合、２の解釈では、「ＡさんがＢさんに『そんなことをしてはいけないよ』とこわい顔でおこっていた」となります。「こわい顔」かどうかは、あなたの価値判断で、「おこっていた」もあなたの推測だからです。

⑤ ２での解釈によって、あなたの心や体にどのような反応が起きたか、それ以前との変化などを書きます。「（Ｂさんがこわい顔をしたＡさんにおこられているのを見て、）自分が失敗したときにも、あんなふうにおこられるのかと思ったら、Ａさんがこわくなって、目を合わせられなくなった」などです。「Ａさんがこわくなった」は心の反応、「目を合わせられなくなった」は体の反応です。

⑥ 振り返りを共有する人は、同じグループでいっしょに活動しているメンバーから選びます。お願いしやすい人にお願いしましょう。振り返りは、１で共通して挙げたことについて２と３を比較します。

⑦ どんなささいなことでもかまいません。たくさん書き出しましょう。

　活動の全期間が終わったあとの最終レポートについては、先生によって指定するフォーマットが違うと思われるため、ここではシートを示していません。
ですが、どういったフォーマットで提出する場合でも、この振り返り日誌の積み重ねが役に立つことは間違いありません。というのは、この振り返り日誌に記述した内容のひとつひとつが、活動のまとめとして提出する最終レポートのパーツになるからです。そして、どのパーツを取捨選択し、どのように組み合わせて、どのような結論を導き出して提出物をつくるかも、皆さんの学びとなります。

　最後に、皆さんの活動が実り多いものになりますように！

参考文献

クレス, クリスティーン M., コリアル, ピーター J., ライタナワ, ヴィキー L. (著), 吉川幸, 前田芳男 (監訳) (2020)『市民参画とサービス・ラーニング―学問領域や文化の壁を乗り越えて学びたい学生のために』岡山大学出版会. (Cress, Christine M., Collier, Peter J. & Reitenauer, Vicki L. (2013) *Learning Through Serving: A Student Guidebook for Service-Learning and Civic Engagement across Academic Disciplines and Cultural Communities*. Sterling, VA: Stylus Pub Llc.)

ゲルモン, S.,ホランド, B.A.,ドリスコル, A.,スプリング, A.,ケリガン, S. (著), 山田一隆 (監訳) (2015)『社会参画する大学と市民学習―アセスメントの原理と技法』学文社. (Gelmon, Sherril B., Holland, Barbara A., Driscoll, Amy, Spring, Amy & Kerrigan, Seanna. (2001) *Assessing Service-Learning and Civic Engagement: Principles and Techniques*. Boston, MA: Campus Compact.)

福留東土 (2019)「日本の大学におけるサービス・ラーニングの動向と課題」『比較教育学研究』第59号, pp. 120-138.

ボイヤー, E.L. (著), 有本章 (訳) (1996)『大学教授職の使命――スカラーシップ再考』玉川大学出版部. (Boyer, Ernest L. (1990) *Scholarship Reconsidered: Priorities of the Professoriate*. San Francisco, CA: Jossey-Bass.)

溝上慎一 (編著) (2017)『改訂版 高等学校におけるアクティブラーニング：理論編』(アクティブラーニング・シリーズ) 東信堂.

八代京子 (編著) (2019)『アクティブラーニングで学ぶコミュニケーション』研究社.

Barr, Robert B. & Tagg, John (1995) "From Teaching to Learning: A New Paradigm for Undergraduate Education." *Change: The Magazine of Higher Learning*, 27(6), pp.12-26.

Bennett, Janet M. (1998) "Transition Shock: Putting Culture Shock in Perspective." In Milton J. Bennett (Ed.), *Basic Concepts of Intercultural Communication: Selected Readings*. pp. 215-223. Yarmouth, ME: Intercultural Press, Inc.

Cress, Christine M, Stokamer, Stephanie T. and Kaufman, Joyce P. (2015) *Community Partner Guide to Campus Collaborations : Enhance Your Community by Becoming a Co-Educator with Colleges and Universities*. Sterling, VA: Stylus Pub Llc.

Dewey, John (1933) *How We Think*. Boston: DC Heath.

Furco, Andrew (1996) "Service-Learning: A Balanced Approach to Experiential Education." In Barbara Taylor and Corporation for National Service (Eds.), *Expanding Boundaries: Serving and Learning*. pp.2-6. Washington, DC:

Corporation for National Service.

Jacoby, Barbara (2015) *Service-Learning Essentials: Questions, Answers, and Lessons Learned.* San Francisco: Josey-Bass.

Kolb, David A. (1984) *Experiential Learning: Experience as the Source of Learning and Development.* Englewood Cliffs, NJ: Prentice-Hall.

Lewis, Barbara A. (2009) *The Kid's Guide to Service Projects: Over 500 Service Ideas for Young People Who Want to Make a Difference.* Minneapolis, MN: Free Spirit Pub.

Oberg, Kalervo (1960) "Cultural Shock: Adjustment to New Cultural Environments." *Practical Anthropology*, 7(4), pp.177-182.

Ramaley, Judith A. (2000) "The Perspective of a Comprehensive University." In Thomas Ehrlich (Ed.), *Civic Responsibility and Higher Education.* pp.227-248. Phoenix: Oryx Press.

Sigmon, Robert L. (1979) "Service-learning: Three Principles." *Synergist*, 8(1), pp.9-11.

Sigmon, Robert L. (1994) "A Service and Learning Typology." https://elonuniversity.contentdm.oclc.org/digital/collection/p16128coll7/id/274/rec/3 （2021年2月19日確認）

Sigmon, Robert L. (1995) "Service and Learning: Observations From 37 Years of Practice." *The Independent.* April: 6-9.

Sigmon, Robert L. (1997) *Linking Service with Learning in Liberal Arts Education.* Washington, DC: Council of Independent Colleges.

Tagg, John (2003) *The Learning Paradigm College.* Boston, Mass.: Anker Publishing Co.

Ting-Toomey, Stella & Chung, Leeva C. (2012) *Understanding Intercultural Communication*, (2nd Ed.) New York: Oxford University Press.

Toole, James & Toole, Pamela (1995) "Reflection as a Tool for Turning Service Experiences into Learning Experiences." In Carol W. Kinsley & Kate MacPherson (Eds.), *Enriching the Curriculum through Service-Learning.* pp.99-114. Alexandria, VA: Association for Supervision and Curriculum Development.

「学校教育法」（昭和22年法律第26号）（令和2年4月1日施行）第83条第2項 https://www.kyoto-u.ac.jp/uni_int/kitei/reiki_honbun/w002RG00000944.html （2021年2月11日確認）

河合塾（2015）「朝日新聞×河合塾 共同調査『ひらく日本の大学』2015年度調査結果報告」『Guideline』11月号, p.87. https://www.keinet.ne.jp/magazine/guideline/backnumber/15/11/07_hiraku.

pdf （2021年2月1日確認）

中央教育審議会（2002）「青少年の奉仕活動・体験活動の推進方策等について（答申）」
https://www.mext.go.jp/b_menu/shingi/chukyo/chukyo0/toushin/1287510.
htm （2021年1月31日確認）

中央教育審議会（2012）「新たな未来を築くための大学教育の質的転換に向けて〜生涯学
び続け，主体的に考える力を育成する大学へ〜（答申）用語集」
https://www.mext.go.jp/component/b_menu/shingi/toushin/__icsFiles/
afieldfile/2012/10/04/1325048_3.pdf （2021年2月1日確認）

文部科学省（2017）「平成27年度の大学における教育内容等の改革状況について（概要）」
https://www.mext.go.jp/a_menu/koutou/daigaku/04052801/__icsFiles/afieldf
ile/2019/05/28/1398426_001.pdf （2021年2月1日確認）

編著者紹介

編著

山下美樹(やました みき)：第2部2①④⑤、3、4①②④、5③、第3部、コラム翻訳校閲

麗澤大学大学院学校教育研究科および経済研究科・麗澤大学国際学部教授。ポートランド州立大学院成人教育学科博士課程修了(教育学博士)。専門：成人教育、異文化コミュニケーション。主な著書：『ヒューマンライブラリー――多様性を育む「人を貸し出す図書館」の実践と研究』(共著、明石書店)、『Interpersonal Boundaries in Teaching and Learning. (New Directions for Teaching and Learning, no. 131)』(共著、Jossey-Bass)。

執筆

宇治谷映子(うじたに えいこ)：第2部1、2②③、4③、5①②、第3部、コラム翻訳校閲

名古屋外国語大学外国語学部英米語学科教授。マードック大学大学院教育学研究科博士課程修了(教育学博士)。専門：英語教育、異文化コミュニケーション。主な著書：『Intercultural Competence in Higher Education: International Approaches, Assessment and Application』(共著、Routledge)。

黒沼敦子(くろぬま あつこ)：第1部

元国際基督教大学サービス・ラーニングプログラム担当講師・コーディネーター。東京大学大学院教育学研究科大学経営・政策コース修士課程修了(教育学修士)。現在、同博士課程在学中。専門：高等教育論。主な著書：『大学における海外体験学習への挑戦』(共著、ナカニシヤ出版)。

籔田由己子(やぶた ゆきこ)：コラム翻訳(第1部、第2部)

清泉女学院短期大学国際コミュニケーション科教授。モナシュ大学(BA)、東京大学大学院総合文化研究科言語情報科学修士課程修了(学術修士)。専門：英語教育、異文化コミュニケーション。主な著書：『In My Opinion』(共著、金星堂)。

Christine M. Cress, Ph.D.：コラム執筆(第1部、第2部2⑤、4①②④)

Professor of Educational Leadership, Higher Education Policy, and Service-Learning at Portland State University.

Jennifer A. Alkezweeny, M.S.：コラム執筆(第2部1、2②、3①、5①②)

Program Director at Oregon Humanities.

Celine R. Fitzmaurice, M.A.：コラム執筆(第2部2①③④、3②③、4③、5③)

Senior Instructor II & Faculty Development Facilitator of University Studies at Portland State University.

サービス・ラーニングのためのアクティビティ

2021年3月31日　初版発行

編著者●山下　美樹（やました　みき）
　著者●宇治谷映子（うじたに　えいこ）
　　　　黒沼　敦子（くろぬま　あつこ）
　　　　籔田由己子（やぶた　ゆきこ）

KENKYUSHA
〈検印省略〉

発行者●吉田尚志
発行所●株式会社 研究社
　　　　〒102-8152 東京都千代田区富士見2-11-3
　　　　電話　営業 03-3288-7777（代）　　編集　03-3288-7711（代）
　　　　振替　00150-9-26710
　　　　http://www.kenkyusha.co.jp/

本文組版・デザイン●株式会社 明昌堂
コラム似顔絵描画●ジェシカ・ゾニ・アプトン
印刷所●研究社印刷株式会社

ISBN 978-4-327-37906-3　C1036　　　Printed in Japan